즐거운 사계절
종이 오리기

우에하라 카즈요 지음

나가윤 옮김

누구나 쉽게
따라 하는
종이 오리기
도안 122개

KB193245

생각의집 🏠

시작하면서

먼저 수많은 책 중에 이 책을 선택해 주셔서 감사합니다.
《즐거운 사계절 종이 오리기》에는
꽃과 계절을 모티브로 한 종이 오리기와, 작품을
더욱 근사하게 꾸미는 아이디어가 가득 담겨 있습니다.

종이 오리기는 누구나 쉽고 간단하게 즐길 수 있습니다.
종이를 접고 도안을 그려서 자르고 펼치기만 하면 OK!
마치 마법을 부리듯 사랑스러운 꽃과 별,
귀여운 동물이 뚝딱 완성되지요.
종이를 가위로 사각사각 자를 때의 긴장감,
접은 종이를 펼칠 때의 설렘,
완성된 모양을 본 순간 느끼는 기쁨이야말로
몇 번을 만들어도 질리지 않는
종이 오리기만의 매력이랍니다.

이렇게 만든 작품들을 방안에 장식하거나 소중한
사람에게 선물해서 일상에 행복을 더해보세요.
분명 주변에 밝은 미소가 넘칠 거예요.
저처럼 여러분도 행복해지기를 바라는 마음으로
하나하나 정성껏 만들었습니다.

모쪼록 사계절을 아름답게 수놓을 122가지의
귀엽고 사랑스러운 종이 오리기를 통해
즐거운 시간 보내시길 바랍니다.

우에하라 카즈요

목차

Chapter1 봄

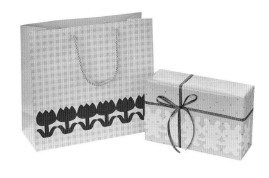

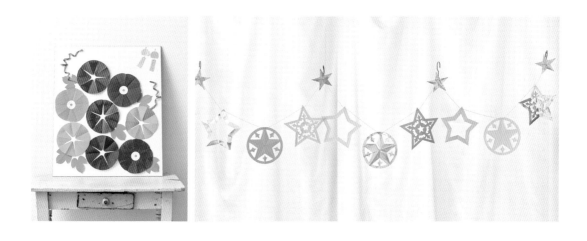

Chapter2 여름

Chapter3 가을

Chapter4 겨울

※ 모든 도안은 복사해서 사용해 주세요.

재료와 도구

자주 사용하는 도구는 색종이와 가위입니다.
나머지는 만드는 작품에 따라 적절히 준비해 주세요.

종이
주로 15cm 정사각형의 기본 색종이
를 사용해요. 자세한 크기와 색상은
작품 만드는 법에 별도로 기재되어 있
으니 참조하세요.

가위, 커터, 핑킹가위
종이가 잘 잘리는 공작용 가위를 준비하
세요. 세밀한 도안의 경우, 커터와 커팅
보드가 있으면 편리해요. 필요하다면 핑
킹가위도 준비해 두세요.

연필, 눈금자, 스테이플러
연필과 눈금자는 도안을 그릴 때 사용해요.
스테이플러는 복사한 도안을 종이에 고정하
거나 종이가 서로 어긋나지 않게 고정해 줘요.

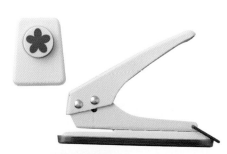

접착제, 각종 테이프
오린 종이를 서로 붙일 때나 작품의 지지대에
붙일 때 사용해요. 스틱 풀, 셀로판테이프, 양
면테이프 등 사용하기 편한 것으로 준비하세요.

구멍 뚫는 펀치
미세한 구멍을 뚫을 때 편리한 도구예요. 이 책
에서는 지름 3mm, 지름 5.5mm 펀치를 사용
했어요. 꽃이나 별 모양 펀치도 있다면 준비하
세요.

둥근 스티커, 펜, 색연필

둥근 스티커는 꽃술을 만들 때 주로 사용해요.(도안 페이지에 지름 길이가 써있어요) 문구점에서 다양한 색상과 크기의 스티커를 판매해요. 펜과 색연필은 작품을 마무리할 때 필요할 수 있어요.

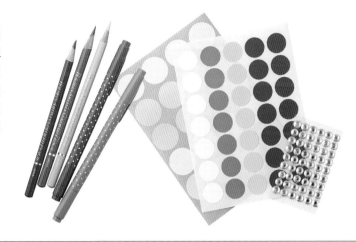

이 책의 사용법

만드는 법

벚꽃 벽면 장식 (사진 p.18~19)

재료
종이 오리기(p.26~29)

1 벚꽃 - 5개	2 벚꽃 - 7개
3 벚꽃 - 6개	4 벚꽃 - 3개
5 수양버들 벚꽃 - 5개	
6 벚꽃 꽃잎 - 27개	
도화지(흰색, 갈색, 하늘색) - 각 적당량	

1 가지, 강, 물결을 도안 (p.124)대로 종이 오리기한 다음 벽에 붙여요.

2 1~5를 가지 위와 주변에 붙여요.

3 6을 흩뿌리는 느낌으로 붙이면 완성.

A 종이 오리기 번호
작품에 들어갈 개별 종이 오리기 번호예요. 만드는 법과 [사계절 종이 오리기 사진과 도안] 페이지(아래 참조)에도 공통으로 적용돼요.

B 재료
작품에 들어갈 개별 종이 오리기의 종류(번호)와 개수, 그밖에 필요한 재료예요.

C 특정 도안
작품에 따라 특정 도안을 사용할 때가 있어요. 도안 페이지와 p.124~127을 참조하세요.

사계절 종이 오리기 사진과 도안

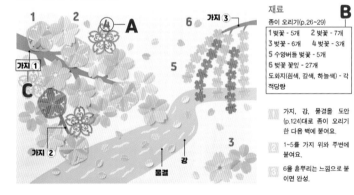

D 종이 오리기 완성 사진
작품에 들어갈 개별 종이 오리기를 사진으로 보여줘요.

E 기본 접기
기본 접기는 A~G까지 7가지예요.(접는 법은 p.12~17 참조)

F 종이 오리기 도안
각 종이 오리기 도안은 실물 크기예요. 도안을 보면서 그리거나 투사지에 옮겨 그리거나 도안을 복사해 사용하세요.(만드는 법은 p.10~11 참조) 치수를 잴 때 배경의 모눈종이를 참조하세요.

G 마무리와 보충 설명
둥근 스티커를 사용한 마무리 방법과 보충 설명이 담겨 있어요.

종이 오리기 기본

만드는 순서는 모두 공통이므로 한 가지 방법을 익히면 다양한 종이 오리기에
도전할 수 있어요. 우선은 사진을 보며 만들어 보세요.

1 종이접기

이 책에 나오는 종이접기 기
본 방법은 p.12~17에서 소개
하는 7가지예요. 원하는 방법
으로 접어 보세요.

2 도안 옮기기

접은 종이가 흐트러지지 않게 스테이플러로
고정해요. 종이에 직접 도안을 옮겨 그리거
나 복사한 도안을 종이에 대고 스테이플러
로 고정해요.

스테이플러

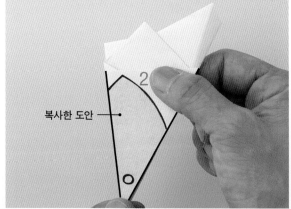

복사한 도안

3 오리기

안쪽 세밀한 모양부터 시작해서 바깥쪽 순서로 잘라요. 작은 원은 구멍 뚫기 펀치를 사용하세요. 펀치 바닥에 투명 패드가 있다면 뒤집어서 사용해 보세요. 원 모양을 확인해 가며 정확히 뚫을 수 있어요.

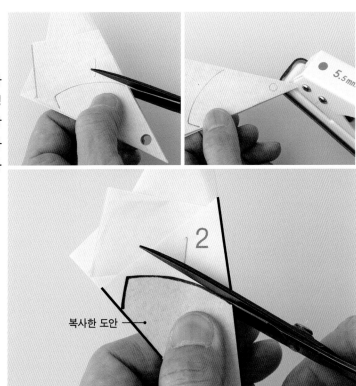

펀치 바닥

복사한 도안

※구멍 뚫기를 나중에 하는 편이 더 오리기 쉬운 도안도 있으니 참조하세요.

4 펼치기

그대로 종이를 펼치면 완성. 작품에 따라 둥근 스티커를 붙이거나 색을 칠한 다음 완성하기도 합니다.

둥근 스티커

기본 접기

A부터 G까지 7가지 기본 접기를 익히면
이 책에 실린 모든 종이 오리기를 만들 수 있어요.

기호 설명

- - - - - - - - 계곡 접기

⟶ 접었다 펼치기

- · - · - · - · - 산 접기

⟶ 뒤집기

⟶ 안쪽으로 접기

———— 접기선

⟶ 바깥쪽으로 접기

⟹ 확대도

※ 보기 쉽도록 원래보다 그림을
크게 표시하고 있습니다.

종이접기 포인트

- 시작할 때 색깔 있는 겉면을 위로 놓고 접으세요.
- 정확하게 접어야 종이접기가 예쁘게 완성돼요.
  초보자는 여러 번 연습해서 미리 손을 익혀두세요.

크기

이 책에 쓰여있는 모든 크기는 가로×세로 순서의 크기입니다.
(예 : 15×20cm은 가로 15cm, 세로 20cm를 말합니다.)

 ## 기본 접기 A

1

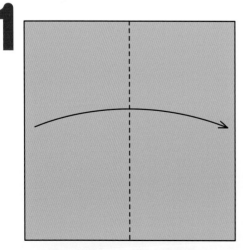

종이 겉면을 위로 놓고 그림처럼
좌우로 반을 접어요.

2

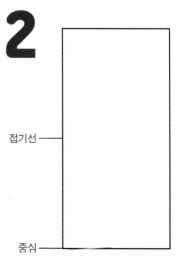

접기선 ———

중심 —

완성! 접은 부분을 주의하면서 이
면을 위로 놓고 도안을 옮겨요.

기본 접기 B

1
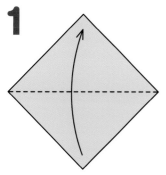

종이 겉면을 위로 놓고 그림처
럼 삼각형으로 반을 접어요.

2
접기 표시(중앙)

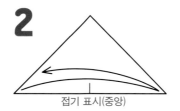

좌우 모서리가 만나게 밑변을
접어서 밑변 중앙에 접은 자국
을 만들어요.

3
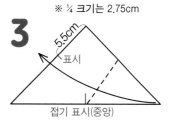

※ ¼ 크기는 2.75cm

5.5cm

표시

접기 표시(중앙)

위 모서리에서 5.5cm 내려온
곳에 표시하고 오른쪽 밑변과
겹치도록 접어요.

4
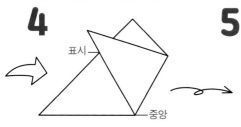

표시
중앙

접은 모습.

5
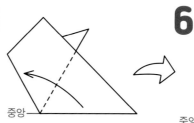

중앙
중앙

뒤집어서 밑변이 왼쪽 변에
겹치도록 접어요.

6
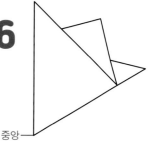

중앙

완성. 이 면을 위로 놓고
도안을 옮겨요.

 # 기본 접기 C

1
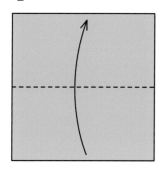

그림처럼 반으로 접어요.

2
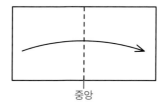

중앙

다시 반으로 접어요.

3
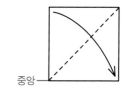

중앙

왼쪽 위 모서리와 오른쪽 아래 모
서리가 만나도록 반으로 접어요.

4

중앙

완성.

5
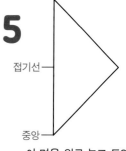

접기선

중앙

이 면을 위로 놓고 도안을
옮겨요.

기본 접기 D

1

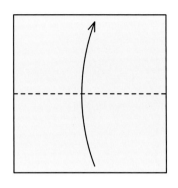

그림처럼 반으로 접어요.

2

왼쪽 아래 모서리를 위쪽 변에 겹치게 접어 접기선을 만들어요.

3

왼쪽 위 모서리를 아래쪽 변에 겹치게 접어 접기선을 만들어요.

4

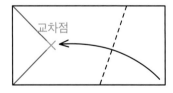

2와 **3**의 접기선이 교차하는 지점에 오른쪽 아래 모서리가 오도록 접어요.

5

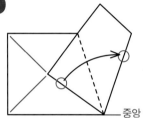

○와 ○의 변이 맞닿게 접어요.

6

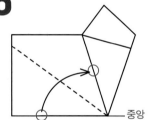

○와 ○의 변이 맞닿게 접어요.

7

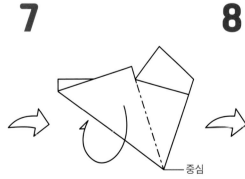

뒤쪽으로 산 접기를 해요.

8

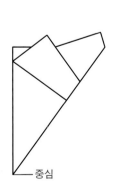

완성. 이 면을 위로 놓고 도안을 옮겨요.

1

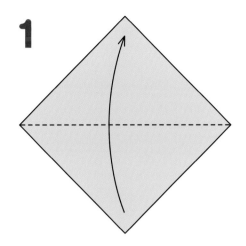

그림처럼 반으로 접어요.

2

접는 줄 (중앙)

좌우 모서리가 만나게 밑변을 접어서
밑변 중앙에 접은 자국을 만들어요.

3

※ ¼ 크기는 2.75cm

5.5cm

표시

접기 표시(중앙)

위 모서리에서 5.5cm 내려온 곳에 표시
하고 오른쪽 밑변과 겹치도록 접어요.

4

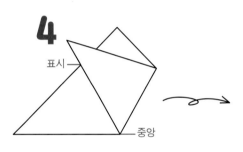

표시

중앙

접은 모습.

5

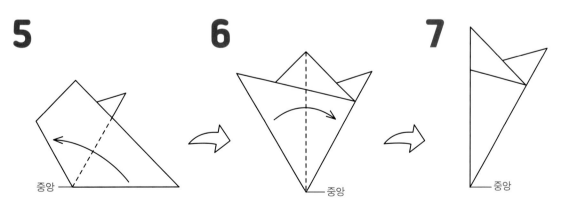

중앙

뒤집어서 밑변이 왼쪽 변에
겹치도록 접어요.

6

중앙

반으로 접어요.

7

중앙

완성. 이 면을 위로 놓고
도안을 옮겨요.

15

기본 접기 F

※1~3까지는 기본 접기 **C**와 같아요.

1
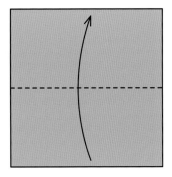

그림처럼 반으로 접어요.

2
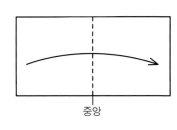

중앙

다시 반으로 접어요.

3
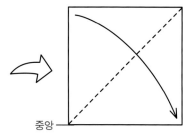

중앙

왼쪽 위 모서리와 오른쪽 아래 모서리가 만나도록 반으로 접어요.

4
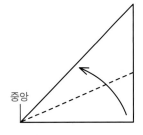

중앙

겹쳐진 종이의 맨 앞장을 사선으로 접어 올려요.

5
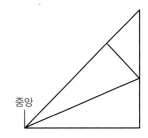

중앙

접은 다음 뒤집어요.

6
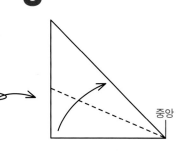

중앙

겹쳐진 나머지 두 장도 사선으로 접어 올려요.

7
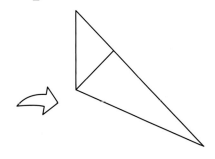

완성.

8
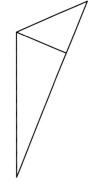

이 면을 위로 놓고 도안을 옮겨요.

기본 접기 G

1

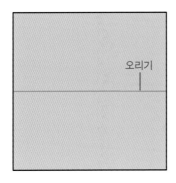

오리기

종이 겉면을 위로 놓고 반으로
잘라요.

2

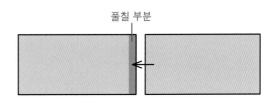

풀칠 부분

두 종이를 1cm 포개서 풀로 붙여요.

3

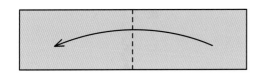

반으로 접어요.

4

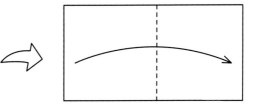

그런다음 3과 반대 방향으로
반으로 접어요.

5

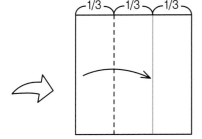

1/3 1/3 1/3

왼편이 오른쪽 ⅓위치에 오도록
반으로 접어요.

6

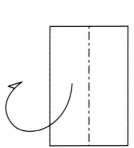

접기선이 바깥으로 오게
산 접기해요.

7

접기선

중앙

완성. 이 면을 위로 놓고
도안을 옮겨요.

Chapter 1

Spring

봄

찬란하게 빛나는 계절의 여왕,
봄. 가족 기념일이나 봄 행사를
싱그러운 꽃들과 즐겨보세요.

벚꽃 벽면 장식

벚꽃이 봄바람을 맞으며 맑은 시냇물 위로 사뿐
히 떨어지고 있네요. 입학식, 졸업식 등 기념사진
의 배경으로 활용하거나 집안에 장식하고 봄기운
을 즐겨보세요.

완성 크기 103×72cm(가로×세로) (B1 크기)
만드는 법 p.21

장미 벽면 장식

장미꽃이 만발한 아치는 비밀의 화원으로 향하는 입구 같지요.
사랑스러운 나비들도 가득 날아다니는 낭만적인 분위기로 연
출해 보세요. 기념사진 배경으로도 제격이랍니다.

완성 크기 78×95cm(가로×세로)   만드는 법 p.21

이 책에 쓰여있는 모든 크기는 가로×세로 순서의 크기입니다.
(예 : 15×20cm은 가로 15cm, 세로 20cm를 말합니다.)

만드는 법

벚꽃 벽면 장식 (사진 p.18~19)

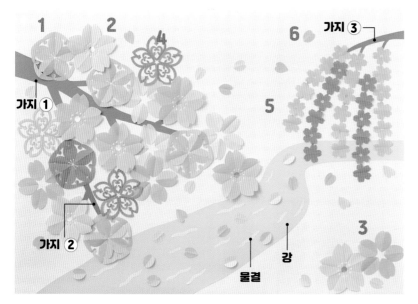

재료

종이 오리기(p.26~29)

1 벚꽃 - 5개　　**2** 벚꽃 - 7개

3 벚꽃 - 6개　　**4** 벚꽃 - 3개

5 수양버들 벚꽃 - 5개

6 벚꽃 꽃잎 - 27개

도화지(흰색, 갈색, 하늘색) - 각 적당량

1. 가지, 강, 물결을 도안(p.124)대로 종이 오리기 한 다음 벽에 붙여요.

2. 1~5를 가지 위와 주변에 붙여요.

3. 6을 흩뿌리는 느낌으로 붙이면 완성.

장미 벽면 장식 (사진 p.20)

재료

종이 오리기(p.28~31)

7 장미 - 8개　　**8** 장미 잎사귀 - 20개

9 장미 - 4개　　**10** 장미 - 6개

11 나비 - 8개

도화지(초록색) - 적당량

1. 아치는 ①~③을 조합해서 만드세요. 도안(p.124)에 따라 초록색 도화지로 아치를 만들고 벽에 붙여요. 아치 안쪽은 46×77cm예요.

2. 아치의 빈 곳을 채우는 느낌으로 7~10을 붙여요.

3. 11을 춤추듯이 붙이면 완성.

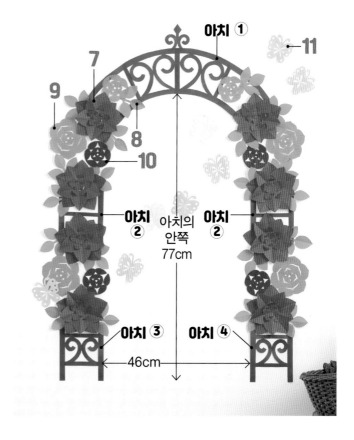

단오절 장식

상쾌한 바람이 불어오는 단오절에 어울리는 색종이
장식이에요. 쭉쭉 뻗은 초록 잎사귀가 알록달록 꽃
창포를 더욱 돋보이게 하지요.

완성 크기 38×45cm(F8호)　만드는 법 p.23

카네이션 감사 카드 & 제비꽃 감사 카드

핸드 메이드 카드에는 화려한 꽃다발에 뒤지지 않을 만큼 애정이 담겨 있지요. 상대가 좋아하는 색으로 만든다면 기쁨이 두 배로 커지겠죠?

완성 크기 15×10.5cm   만드는 법 아래 참조

만드는 법

단오절 장식 (사진 p.22)

깃봉
깃대
잉어 깃발
연못

재료
종이 오리기(p.32~33)
12 꽃창포…6개
13 꽃창포 잎사귀…2개
도화지…1장
종이접기 종이(하늘색, 보라색, 연보라색, 빨간색, 분홍색, 갈색, 노란색, 파란색)…각 적당량

1 연못 2개, 잉어 깃발, 깃대, 깃봉을 도안(p.124)대로 종이 오리기 한 다음 도화지에 붙여요.

2 **12**와 **13**을 조화롭게 붙이면 완성.

카네이션 감사 카드 (사진 p.23)

마스킹 테이프

재료
종이 오리기(p.34~35)
15 카네이션…1개
도화지(흰색, 15×21cm)…1장
무늬 있는 마스킹 테이프(폭 15mm)…15cm

1 도화지를 위아래 반으로 접고 접은 윗면에 **15**와 마스킹 테이프를 붙여요.

2 겹쳐진 아래의 좌우 모서리를 둥글게 오리고 메시지를 적으면 완성.

제비꽃 감사 카드 (사진 p.23)

롤 스티커

재료
종이 오리기(p.34~35)
14 제비꽃…3개
도화지(흰색, 15×21cm)…1장
진주 모양 롤 스티커(폭 7mm)…14cm

1 도화지를 위아래 반으로 접고 윗면에 **14**와 롤 스티커를 붙여요.

2 겹쳐진 아래의 좌우 모서리를 둥글게 오리고 메시지를 적으면 완성.

데이지와 레이스 페이퍼 모빌

봄바람이 살랑살랑 들어오는 창가에 장식하고 싶
은 모빌이에요. 달콤한 파스텔 컬러로 만들면 봄
향기가 물씬 풍기겠죠?

완성 크기 45×50cm   만드는 법 p.25

튤립 종이봉투 &
또끼 선물 상자

종이 오리기 작품을 봉투나 상자에 붙이기만
하면 사랑스러운 선물로 깜작 변신!

완성 크기 종이봉투(30×27×12cm(폭)) 상자(세로 가로 24×15 ×8cm(높이)) **만드는 법** 아래

만드는 법

데이지와 레이스 페이퍼 모빌 (사진 p.24)

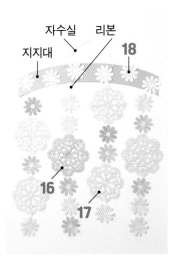

자수실 리본
지지대 18

16
17

재료
종이 오리기(p.34~35)
16 레이스 페이퍼…2개
17 레이스 페이퍼…4개
18 데이지…22개
도화지(분홍색)…적당량
리본(흰색, 폭 1cm)…170cm
자수실…50cm

1. 도안(p.124)에 따라 도화지로 지지대를
   만들어요.

2. 지지대에 18을 6장 붙이고 나머지는 리
   본에 붙여요. ※ 레이스 페이퍼는 바깥
   쪽 테두리만 리본에 붙이세요.

3. 2의 리본을 지지대에 붙여요. 지지대
   두 군데에 구멍을 뚫어 자수실로 연결
   하면 완성.

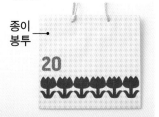

종이
봉투

20

19
리본
상자

토끼 선물 상자
(사진 p.25)

재료
종이 오리기(p.36~37)
19 토끼…1개
포장 상자…1개
리본(분홍색, 폭 6mm)…162cm

1. 포장 상자에 19를 붙이고 리본
   을 나비매듭으로 묶으면 완성.

튤립 종이봉투 (사진 p.25)

재료
종이 오리기(p.36~37)
20 튤립…1개
종이봉투…1장

1. 종이봉투에 20을 붙이면 완성.

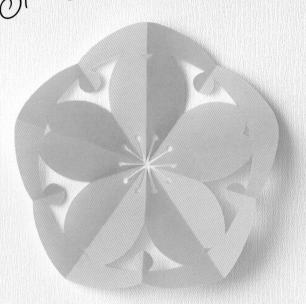

1 벚꽃

2 벚꽃

3 벚꽃

4 벚꽃

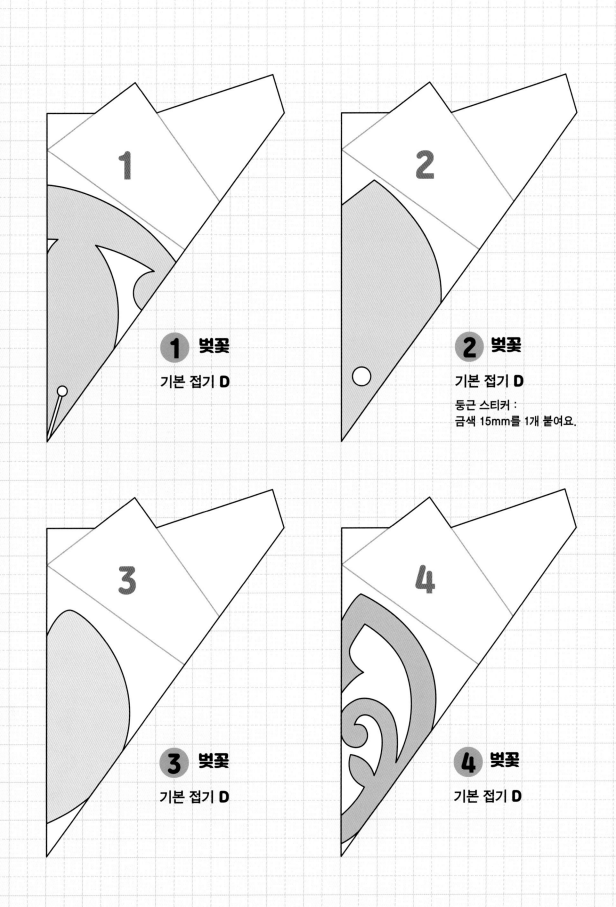

1 벚꽃

기본 접기 **D**

2 벚꽃

기본 접기 **D**

둥근 스티커 :
금색 15mm를 1개 붙여요.

3 벚꽃

기본 접기 **D**

4 벚꽃

기본 접기 **D**

6 벚꽃잎

7 장미

5 수양벚꽃

8 장미 잎사귀

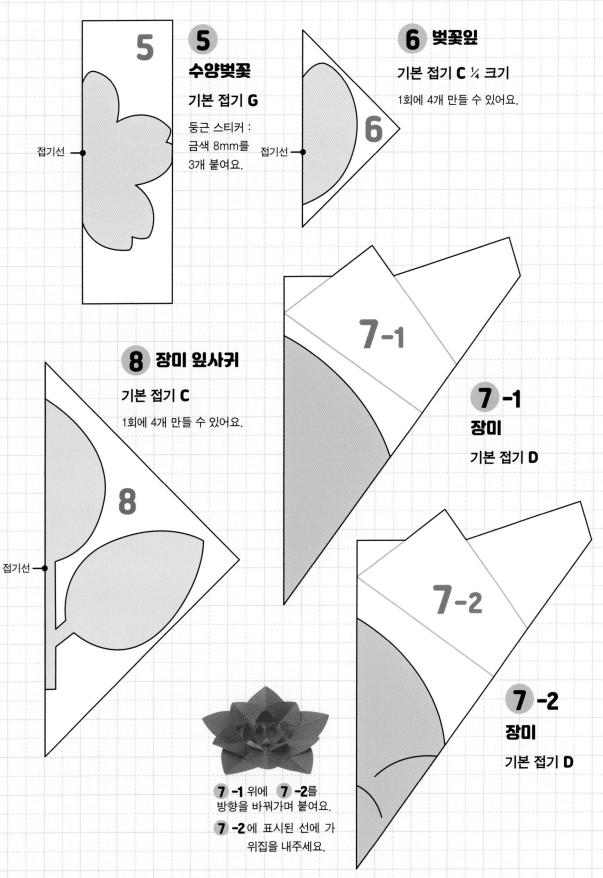

5

수양벚꽃

기본 접기 **G**

둥근 스티커 :
금색 8mm를
3개 붙여요.

접기선

6 벚꽃잎

기본 접기 **C** ¼ 크기

1회에 4개 만들 수 있어요.

접기선

8 장미 잎사귀

기본 접기 **C**

1회에 4개 만들 수 있어요.

접기선

7 -1

장미

기본 접기 **D**

7 -2

장미

기본 접기 **D**

7 -1 위에 **7** -2를
방향을 바꿔가며 붙여요.

7 -2에 표시된 선에 가
위집을 내주세요.

9 장미

11 나비

10 장미

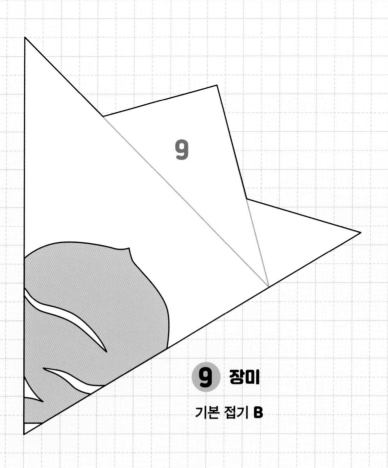

9 장미

기본 접기 **B**

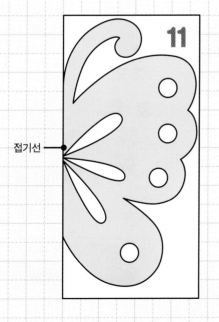

접기선

11 나비

기본 접기 **A** ¼ 크기

10 장미

기본 접기 **B** ¼ 크기

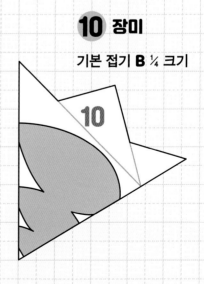

12 꽃창포

13 꽃창포 잎사귀

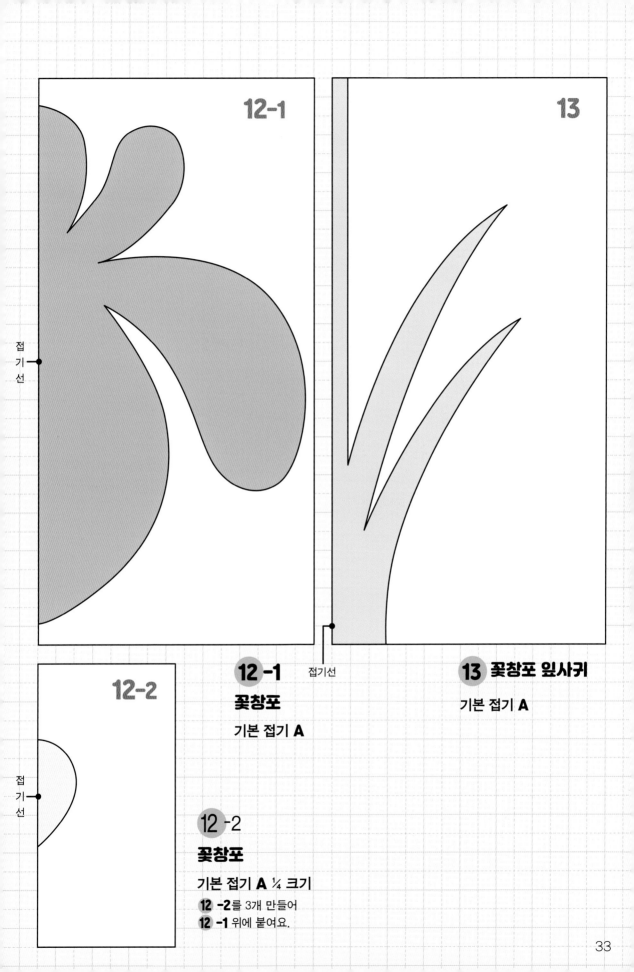

12-1

접기선

12 -1
꽃창포
기본 접기 **A**

13

13 꽃창포 잎사귀
기본 접기 **A**

12-2

접기선

12 -2
꽃창포
기본 접기 **A** ¼ 크기
12 -2를 3개 만들어
12 -1 위에 붙여요.

14 제비꽃

15 카네이션

18 데이지

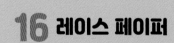

16 레이스 페이퍼

17 레이스 페이퍼

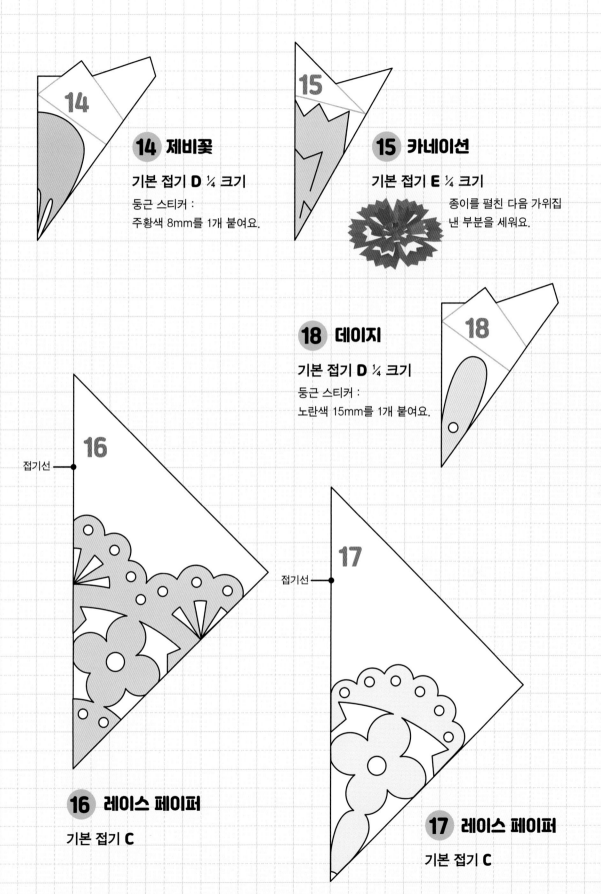

14 제비꽃

기본 접기 D ¼ 크기

둥근 스티커 :
주황색 8mm를 1개 붙여요.

15 카네이션

기본 접기 E ¼ 크기

종이를 펼친 다음 가위집
낸 부분을 세워요.

18 데이지

기본 접기 D ¼ 크기

둥근 스티커 :
노란색 15mm를 1개 붙여요.

접기선

16 레이스 페이퍼

기본 접기 **C**

접기선

17 레이스 페이퍼

기본 접기 **C**

19 토끼

20 튤립

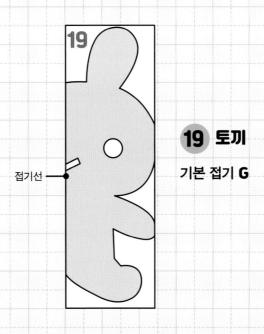

접기선

19 토끼

기본 접기 **G**

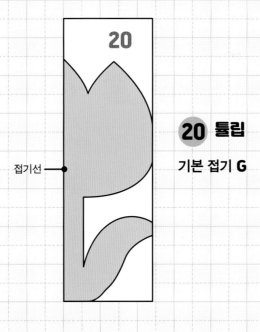

접기선

20 튤립

기본 접기 **G**

Chapter 2

여름

물놀이, 심야 축제, 불꽃놀이,
그리고 신나는 여름방학!
더위를 시원하게 날려버리고 여름의 정취를
만끽하는 종이 오리기를 소개할게요.

칠월칠석 벽면 장식

견우와 직녀가 오작교에서 만나는 칠월칠석.
금색, 은색, 흰색 별을 밤하늘 종이에 가득
붙이면 마법처럼 은하수가 떠올라요. 소원
을 이루어주는 대나무 장식도 잊지 마세요.

완성 크기 : 103×72cm(B1 크기)　　만드는 법 : p.41

해바라기 벽면 장식

한여름, 탐스럽게 핀 해바라기밭에 온 기분을
만끽하세요. 꽃의 중심부만 접착제로 살짝 붙
이면 입체감이 살아나 한층 생동감이 느껴져요.

완성 크기 51×72cm(B2 크기)　　만드는 법 p.41

만드는 법

칠월칠석 벽면 장식
(사진 p.38~39)

재료

종이 오리기(p.46~49)

21 직녀…1개　**22** 견우…1개　**23** 별…6개

24 별…5개　**25** 별…5개　**26** 별…4개

27 대나무 잎사귀…13개

도화지(파란색[바탕지], 하늘색, 검은색)…각 적당량

색종이(금색, 은색)…각 적당량

1 도안(p.125)에 따라 도화지로 은하수, 대나무, 작은 별 ①, ②를 만들고 파란색 바탕지에 붙여 벽에 붙여요.

2 **21~26**은 밤하늘에, **27**은 대나무에 붙여요.

3 도안(p.49)에 따라 색종이로 소원 종이와 대나무 장식을 만들어 대나무에 붙이면 완성.

재료

종이 오리기(p.50~51)

28 해바라기…9개　**29** 해바라기 잎사귀…10개

30 해바라기…6개　**31** 해바라기 잎사귀…3개

도화지(흰색, 파란색)…각 적당량

색종이(녹색)…적당량

리본(은색, 너비 8mm)…32cm

1 도안(p.125)에 따라 도화지로 푸른 하늘과 비행기를 만들고 벽에 붙여요.

2 **28~31**을 조화롭게 붙여요. 도안(p.51)에 따라 색종이로 해바라기 줄기를 만들고 해바라기 밑에 붙여요.

3 비행기 뒤로 비행운처럼 리본을 붙이면 완성.

해바라기 벽면 장식 (사진 p.40)

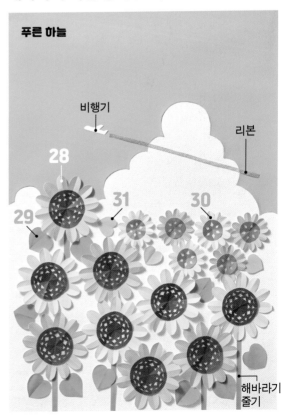

나팔꽃 장식

꽃 중앙에 칼집을 내면 역동적인 느낌을 표현할
수 있어요. 싱그럽고 산뜻한 색을 사용하면 분위
기가 한결 화사해진답니다. 가느다란 리본을 덩
굴처럼 꼬아 붙여 입체감을 살려 보세요.

완성 크기 38×45cm(F8호)   만드는 법 p.43

심플한 부채에 불꽃놀이, 금붕어 모양 종이 오리기를 붙이면 나만의 센스 만점 부채가 완성! 인테리어 소품으로 장식하거나 여름에 부채로 사용해 보세요.

완성 크기 23×34cm   만드는 법 **아래**

만드는 법

나팔꽃 장식 (사진 p.42)

재료

종이 오리기(p.52~53)
32 나팔꽃…5장   **33** 나팔꽃…3장
34 나팔꽃 잎사귀…6장
도화지…1장
리본(녹색, 폭 6mm)…40cm
색종이(하늘색, 분홍색)…각 적당량
펜 등 ※리본을 동그랗게 꼬는 용도

1 도화지에 32~34를 조화롭게 붙여요.

2 도안(p.53)에 따라 색종이로 풍경 종을 만들고 도화지에 붙여요.

3 리본을 펜으로 돌돌 말아 붙이면 완성.

선 그리기
풍경 종

불꽃놀이 부채 (사진 p.43)

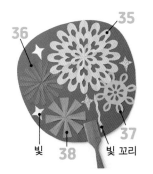

빛   빛 꼬리

금붕어 부채 (사진 p.43)

재료

종이 오리기(p.56~57)
39 금붕어…2개   **40** 푸른 단풍잎…2개
둥근 스티커(하늘색, 파란색, 물방울무늬 등
·지름 8mm)…총 95개 정도
무늬 없는 부채…1개

1 부채에 둥근 스티커들로 물방울을 표현해요.

2 39와 40을 붙이면 완성.

재료

종이 오리기(p.54~55)
35 불꽃…1개   **36** 불꽃…1개
37 불꽃…1개   **38** 불꽃…1개
도화지(남색)…적당량
색종이(금색, 노란색)…각 적당량
무늬 없는 부채…1개

1 부채에 남색 도화지를 붙여요.

2 35~38을 조화롭게 붙여요.

3 도안(p.55)에 따라 색종이로 빛과 빛 꼬리를 만들고 불꽃 주위에 붙이면 완성.

둥근 스티커

반짝반짝 별 가랜드

칠월칠석 장식(p.38~39) 종이 오리기로 여름에
어울리는 가랜드를 만들어봐요. 공간에 맞게 끈
길이와 간격을 조절하세요.

완성 크기 180×30cm   만드는 법 p.45

펭귄 조명

겉에는 펭귄, 안에는 불꽃의 종이 오리기를 붙여요.
LED 캔들 라이트를 켜면 펭귄 머리 위로 불꽃이 두
둥실 피어올라요.

완성 크기 9×9×14.5cm(높이)   만드는 법 p.45

만드는 법

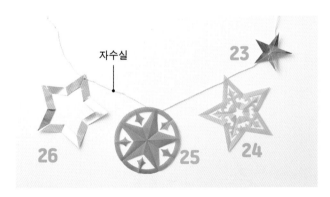

자수실

23
26   25   24

반짝반짝 별 가랜드
(사진 p.44~45 위)

재료
종이 오리기(p.46~49)
23 별…5개   **24** 별…4개
25 별…4개   **26** 별…4개
자수실…2m

1 24~26의 뒷면에 자수실을
붙여 물결치듯 매달아요.

2 23을 그 위에 붙이면 완성.

펭귄 조명 (사진 p.44 아래)

재료
종이 오리기(p.56~57)
41 불꽃…2개
42 불꽃…2개
43 펭귄…1개
색종이(흰색)…2장
LED 캔들 라이트…1개

1 색종이 2장을 좌우로 1cm
겹쳐 붙이고 도안(p.125)
대로 잘라요.

2 43을 겉면에 붙이고 41,
42를 안면에 붙여요.

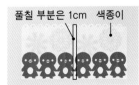

풀칠 부분은 1cm   색종이

3 색종이 좌우 가장자리를
1cm 겹쳐 붙여서 원통을
만들어요.

4 원통 안에 LED 캔들 라이
트를 넣고 불을 켜면 완성.

42 41

원통
안에
LED
캔들
라이트

43

21 직녀

22 견우

23 별

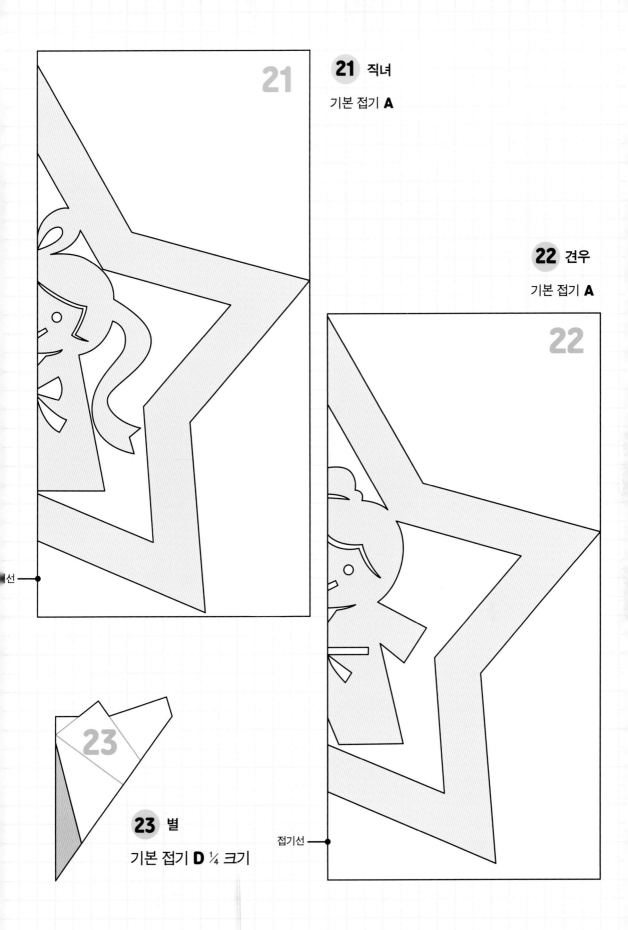

21 직녀

기본 접기 **A**

22 견우

기본 접기 **A**

선

23 별

기본 접기 **D** ¼ 크기

접기선

47

24 별

25 별

대나무 장식

소원 종이

27 대나무 잎사귀

26 별

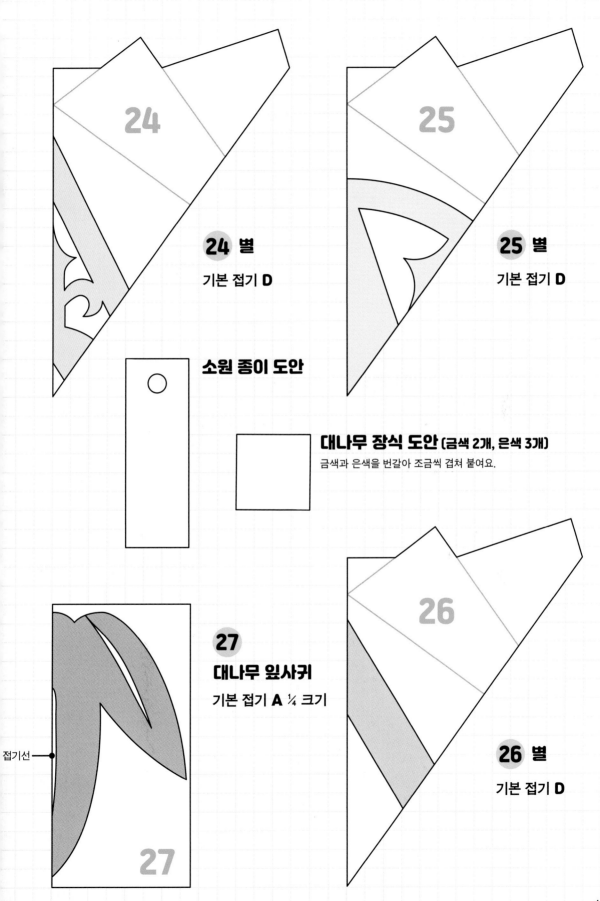

24 별

기본 접기 **D**

25 별

기본 접기 **D**

소원 종이 도안

대나무 장식 도안 (금색 2개, 은색 3개)
금색과 은색을 번갈아 조금씩 겹쳐 붙여요.

27

대나무 잎사귀

기본 접기 **A** ¼ 크기

접기선

26 별

기본 접기 **D**

28 해바라기

29 해바라기 잎사귀

30 해바라기

해바라기 줄기

31 해바라기 잎사귀

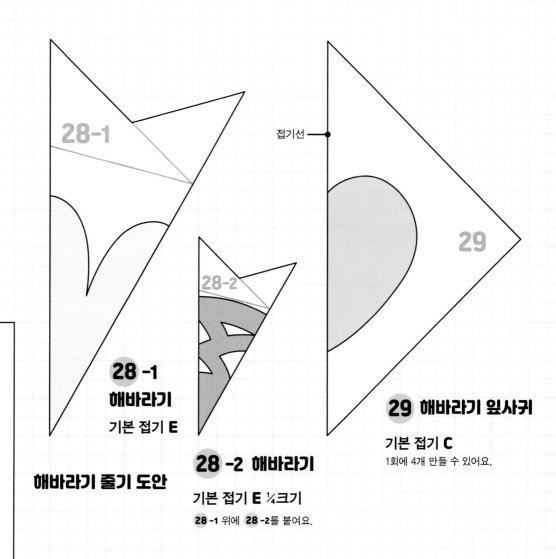

접기선 —●

**28 -1
해바라기**

기본 접기 **E**

해바라기 줄기 도안

28 -2 해바라기

기본 접기 **E** ¼크기

28 -1 위에 **28 -2**를 붙여요.

29 해바라기 잎사귀

기본 접기 **C**

1회에 4개 만들 수 있어요.

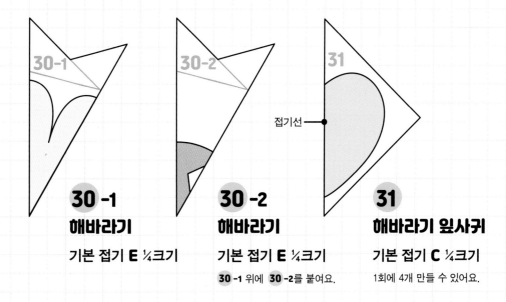

접기선 —●

**30 -1
해바라기**

기본 접기 **E** ¼크기

**30 -2
해바라기**

기본 접기 **E** ¼크기

30 -1 위에 **30 -2**를 붙여요.

**31
해바라기 잎사귀**

기본 접기 **C** ¼크기

1회에 4개 만들 수 있어요.

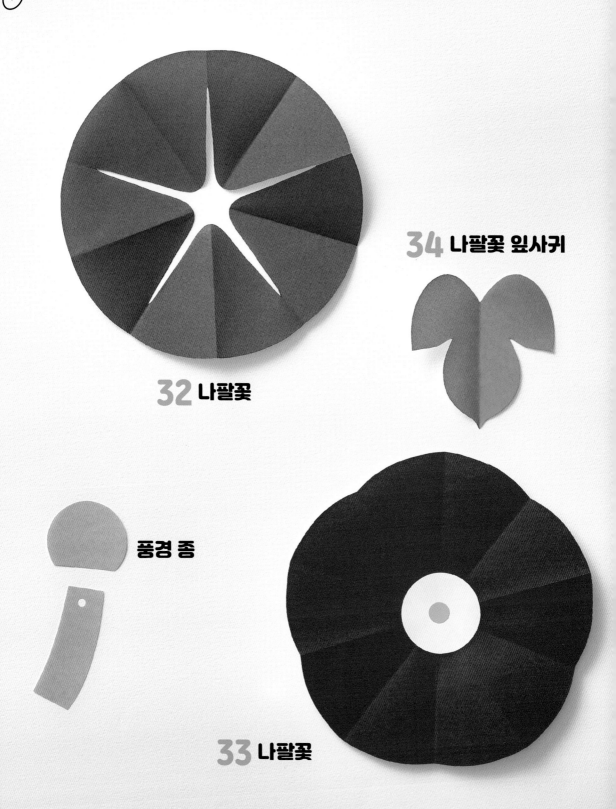

34 나팔꽃 잎사귀

32 나팔꽃

풍경 종

33 나팔꽃

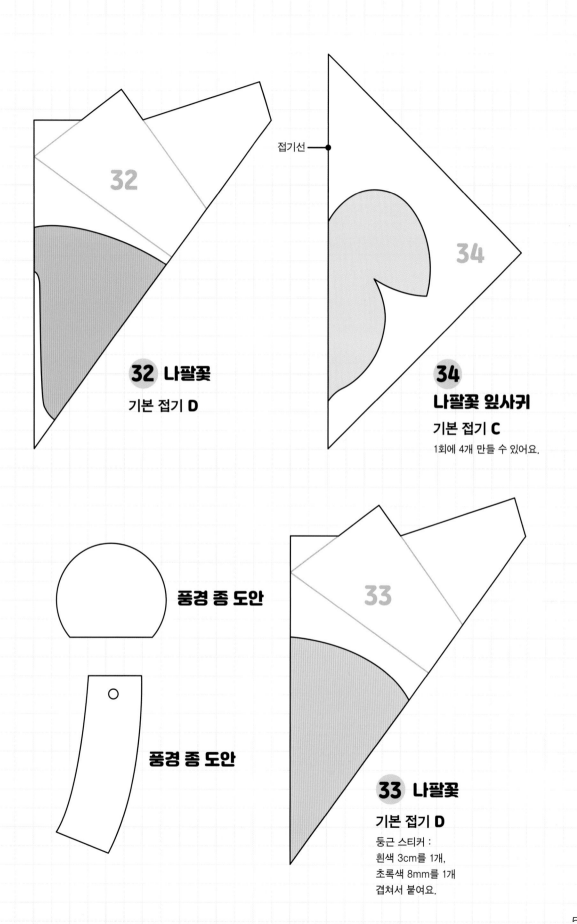

32 나팔꽃

기본 접기 **D**

접기선 ━━●

34

나팔꽃 잎사귀

기본 접기 **C**

1회에 4개 만들 수 있어요.

풍경 종 도안

풍경 종 도안

33 나팔꽃

기본 접기 **D**

둥근 스티커 :
흰색 3cm를 1개,
초록색 8mm를 1개
겹쳐서 붙여요.

35 불꽃

빛

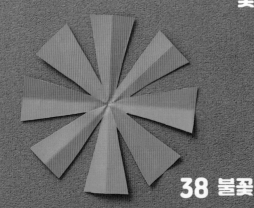

36 불꽃

빛 꼬리

37 불꽃

38 불꽃

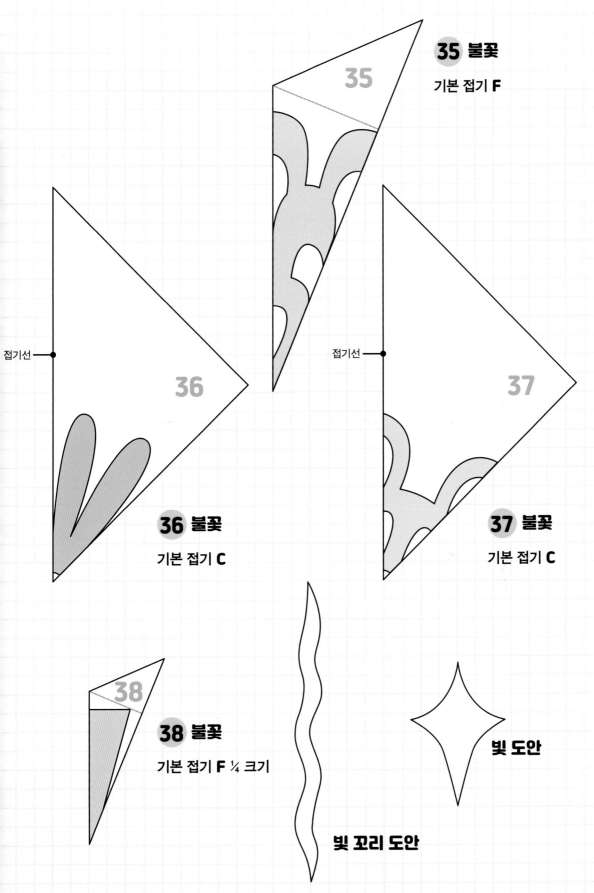

35 불꽃

기본 접기 **F**

접기선 → 36

접기선 → 37

36 불꽃

기본 접기 **C**

37 불꽃

기본 접기 **C**

38 불꽃

기본 접기 **F** ¼ 크기

빛 도안

빛 꼬리 도안

39 금붕어

40 푸른 단풍잎

41 불꽃

42 불꽃

43 펭귄

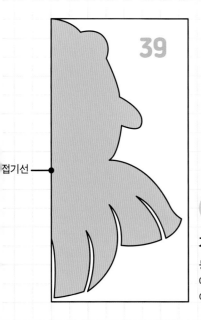

접기선 ━━●

39 금붕어

기본 접기 A ¼ 크기

둥근 스티커 : 흰색 7mm 위
에 검은색 5mm를 겹쳐서 붙
여요.(총 두 군데)

접기선 ━━●

40 푸른 단풍잎

기본 접기 A ¼ 크기

사진은 그러데이션 색종이
를 사용했어요.

41 불꽃

기본 접기 E ¼ 크기

42 불꽃

기본 접기 F ¼ 크기

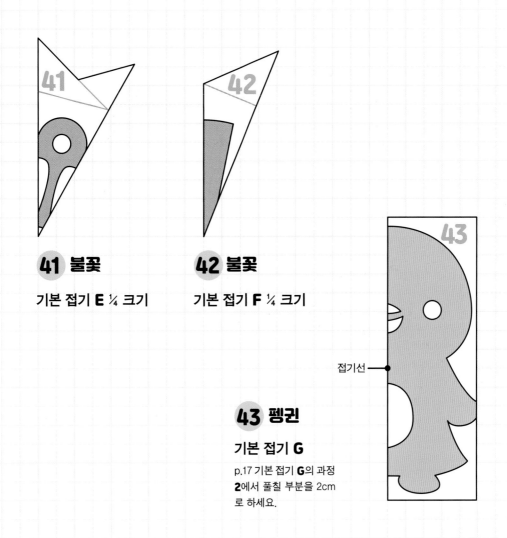

접기선 ━━●

43 펭귄

기본 접기 G

p.17 기본 접기 G의 과정
2에서 풀칠 부분을 2cm
로 하세요.

✦사계절 리스 봄 여름 편

좋아하는 장소에 매달아 산뜻하고 청량한 분위기를 느껴보세요.

3월 복숭아꽃과 히나 인형

※히나 인형 : 어린 여자아이의 건강을 기원하는 일본 전통 축제 '히나마쓰리'에서 장식으로 쓰는 남녀 인형(역자주)

복숭아꽃 2장을 겹쳐서 화려한 분위기로 연출해 보세요. 히나 인형을 사이좋게 중간에 매달면 완성!

완성 크기 34×34cm

재료

┌리스 지지대 **A**
│ (바깥지름 30cm 안지름 24cm)
└자수실…30cm
　종이 오리기(p.64~65)
　44 남자…1개　　**45** 여자…1개
　46 복숭아꽃…12개
　리본(금색, 폭 1cm)…20cm

1. 리본을 2줄로 잘라 **44**와 **45** 뒷면에 한 줄씩 붙인 다음 **A** 뒷면에 붙여요.

2. **46**을 **A** 앞면 테두리에 돌아가며 붙이면 완성.

모든 리스에 공통되는 재료와 만드는 법

두꺼운 종이…1장
자수실…30cm
색종이…작품에 맞게 준비
기타…리본 등

1 도안(p.127)에 따라 두꺼운 종이로 리스 지지대를 만들어요. 지지대에 구멍을 뚫어 자수실을 끼워요.

2 종이 오리기 작품을 붙여요.

3 리본 등을 붙이면 완성.

지지대(p.127)를 여러 개 만들어 두면 계절별로 다양한 꽃을 붙여 장식할 수 있어요.

안지름

바깥지름

4월 제비꽃과 마거리트

봄소식을 전해주는 제비꽃과 마거리트를 조합해 청초한 리스를 만들어보세요. 일상에 작은 행복을 불러올 거예요.

완성 크기 45×45cm

재료

리스 지지대 B(바깥지름 40cm 안지름 30cm)
자수실…30cm
종이 오리기(p.64~65)
47 제비꽃…5개   48 마거리트…6개
49 제비꽃 잎사귀…7개   리본(분홍색, 폭 3cm)…86cm

1 47~49를 B에 붙이고 리본을 나비매듭으로 묶으면 완성.

5월 장미와 거베라

초여름을 대표하는 꽃들로 화사한 분위기를
연출해 보세요. 꽃 크기에 변화를 주면 경쾌
한 리듬감이 살아나요.

완성 크기 46×46cm

재료

┌ 리스 지지대 **B**(바깥지름 40cm 안지름 30cm)
└ 자수실…30cm
종이 오리기(p.66~67)
50 거베라…5개   **51** 장미…5개
52 장미 잎사귀…10개

1 **50~52**를 **B**에 붙이면 완성.

6월 수국과 맑음 인형

앙증맞은 맑음 인형이 쪼르륵 늘어선 리스.
창가에 매달아 놓으면 장마철의 눅눅함을
상쾌하게 바꿔줄 거예요.

완성 크기 42×44cm

※ 맑음 인형 : 일본 장마철에 비가 그치고 해가 뜨
길 기원하며 처마 끝에 매다는 인형(역자주)

재료

┌ 리스 지지대 **B**
│ (바깥지름 40cm 안지름 30cm)
└ 자수실…30cm
　종이 오리기(p.66~67)
53 맑음 인형…1개　　**54** 수국…3개
55 빗방울…14개　　**56** 수국 꽃잎…8개
57 수국 잎사귀…4개
자수실…82cm

1　자수실 82cm를 4조각으
　로 자르고 **55**를 줄마다
　3~4개씩 붙이고 **B**에 붙
　여요.

2　**54**, **56**, **57**을 **B**에 붙이
　고 **53**을 붙이면 완성.

7월 뜨로피컬

히비스커스 속에서 유유자적 흔들리는
바다거북이 사랑스러운 리스. 리스 너
머로 남국의 바다가 펼쳐질 것 같아요.

완성 크기 47×47cm

재료

┌ 리스 지지대 **B**(바깥지름 40cm 안지름 30cm)
└ 자수실…30cm

종이 자르기(p.68~69)

58 히비스커스…6개 　**59** 플루메리아…6개
60 몬스테라…3개 　**61** 바다거북…2개
리본(은색, 폭 8mm)…24cm

1　리본을 2가닥으로 잘라
61 뒤에 붙이고 **B**에 붙
여요.

2　**58~60**을 **B**에 붙이
면 완성.

8월 해바라기

해바라기 장식(p.40)의 종이 오리기로
리스를 만들었어요. 보기만 해도 즐겁
고 활기찬 에너지가 느껴지지 않나요?

완성 크기 36×33cm

재료

┌ 리스 지지대 **A**(바깥지름 30cm 안지름 24cm)
└ 자수실…30cm
종이 오리기(p.50~51)
28 해바라기…2개   **29** 해바라기 잎사귀…4개
30 해바라기…6개   **31** 해바라기 잎사귀…4개
리본(체크무늬, 폭 2.5cm)…90cm

1 28~31을 **A**에 붙여요.

2 리본을 나비매듭으로
묶으면 완성.

44 남자

45 여자

46 복숭아꽃

48 마거리트

47 제비꽃

49 제비꽃 잎사귀

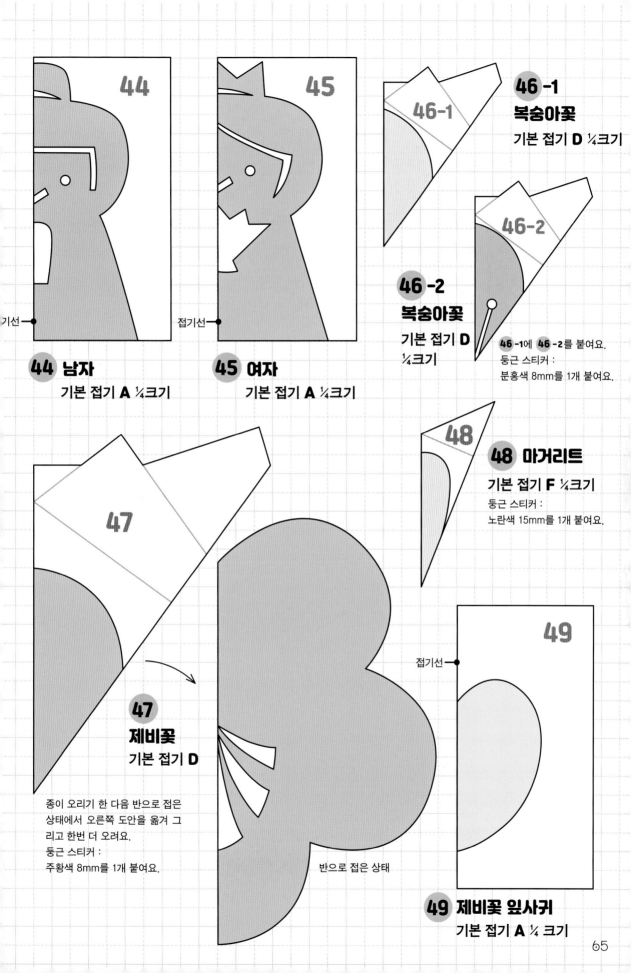

44

45

기선 ●—

접기선 ●—

44 남자
기본 접기 **A** ¼크기

45 여자
기본 접기 **A** ¼크기

46-1

46-1
복숭아꽃
기본 접기 **D** ¼크기

46-2

46-2
복숭아꽃
기본 접기 **D**
¼크기

46-1에 46-2를 붙여요.
둥근 스티커 :
분홍색 8mm를 1개 붙여요.

48

48 마거리트
기본 접기 **F** ¼크기
둥근 스티커 :
노란색 15mm를 1개 붙여요.

47

47
제비꽃
기본 접기 **D**

종이 오리기 한 다음 반으로 접은
상태에서 오른쪽 도안을 옮겨 그
리고 한번 더 오려요.
둥근 스티커 :
주황색 8mm를 1개 붙여요.

반으로 접은 상태

접기선 ●—

49

49 제비꽃 잎사귀
기본 접기 **A** ¼ 크기

50 거베라

52 장미 잎사귀

51 장미

53 맑음 인형

55 빗방울

56 수국 꽃잎

54 수국

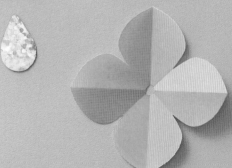

57 수국 잎사귀

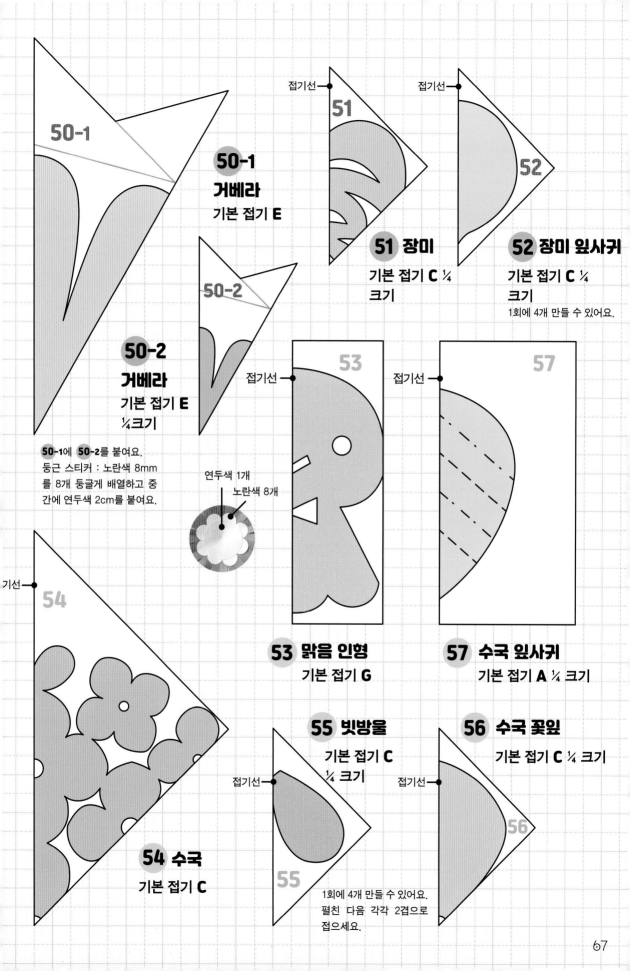

50-1
거베라
기본 접기 E

50-2
거베라
기본 접기 E
¼크기

50-1에 **50-2**를 붙여요.
둥근 스티커 : 노란색 8mm
를 8개 둥글게 배열하고 중
간에 연두색 2cm를 붙여요.

접기선

51 장미
기본 접기 C ¼
크기

접기선

52 장미 잎사귀
기본 접기 C ¼
크기
1회에 4개 만들 수 있어요.

연두색 1개
노란색 8개

접기선

53 맑음 인형
기본 접기 G

접기선

57 수국 잎사귀
기본 접기 A ¼ 크기

기선

54 수국
기본 접기 C

접기선

55 빗방울
기본 접기 C
¼ 크기

1회에 4개 만들 수 있어요.
펼친 다음 각각 2겹으로
접으세요.

접기선

56 수국 꽃잎
기본 접기 C ¼ 크기

58 히비스커스

59 플루메리아

60 몬스테라

61 바다거북

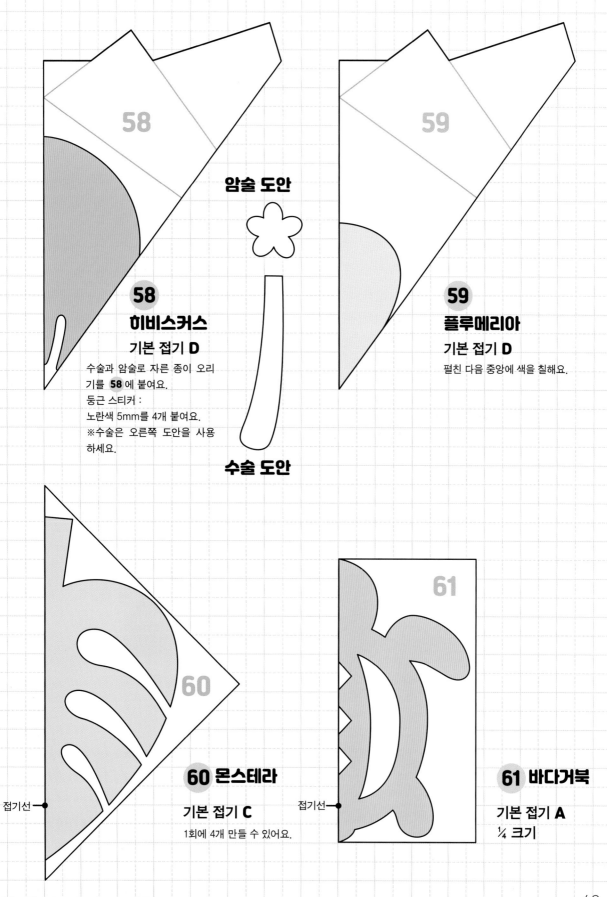

58

암술 도안

58
히비스커스
기본 접기 **D**

수술과 암술로 자른 종이 오리
기를 **58** 에 붙여요.
둥근 스티커 :
노란색 5mm를 4개 붙여요.
※수술은 오른쪽 도안을 사용
하세요.

수술 도안

59

59
플루메리아
기본 접기 **D**

펼친 다음 중앙에 색을 칠해요.

60

접기선 ●

60 몬스테라
기본 접기 **C**

1회에 4개 만들 수 있어요.

61

접기선 ●

61 바다거북
기본 접기 **A**
¼ 크기

Chapter 3

Autumn

가을

추석, 핼러윈, 단풍놀이 등 가족과 함께
즐기는 이벤트가 가득한 계절이에요.
가을의 정취를 물씬 풍기는
멋진 작품들을 소개합니다.

핼러윈 벽면 장식

유령, 호박, 거미, 박쥐는 핼러윈 분위기를
연출하는 대표 아이템이죠. 아이들과 함께
만들며 유쾌한 핼러윈을 즐겨보세요.

완성 크기 : 2×51cm(B2 크기)
만드는 법 : p.73

추석 벽면 장식

별이 총총한 밤, 보름달 속 달 토끼가 떡방
아를 찧고 있네요. 심플한 공간에 장식해 동
양의 정취를 느껴보세요.

완성 크기 70×62cm   만드는 법 p.73

핼러윈 벽면 장식 (사진 p.70~71)

재료

종이 오리기(p.78~79)
62 거미줄…2개
63 거미…2개
64 사탕…4개
65 유령…2개
66 박쥐…1개
67 호박…2개
도화지(보라색[바탕지], 검은색, 노란색)…각 적당량

1 도안(p.126)에 따라 도화지로 언덕, 성, 달, 별, 나무를 만들고 보라색 바탕지에 붙여요.

2 **62~64**를 붙여요. **65~67**의 가운데 접기선을 부각시켜 입체감을 살리면 완성.

추석 벽면 장식 (사진 p.72)

재료

종이 오리기(p.80~81)
68 도라지꽃…5개   **69** 도라지 꽃잎…4개
70 패랭이꽃…6개   **71** 패랭이 꽃잎…3개
도화지(갈색[바탕지], 아이보리색, 노란색, 주황색, 연보라색, 파란색)…각 적당량
색종이(흰색, 10×10cm)…14장
스팽글(지름 5mm)…29개

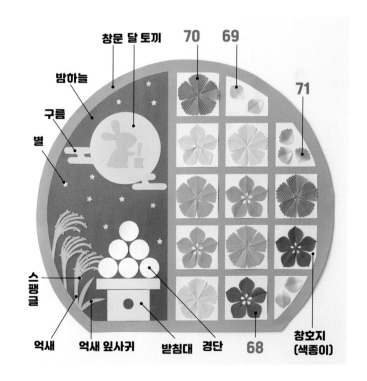

1 도안(p.126)에 따라 도화지로 창문(갈색 바탕지), 밤하늘, 별, 구름, 억새, 억새 잎사귀, 경단, 달 토끼, 받침대를 만들어요. 바탕지 창문에 밤하늘을 붙인다음 나머지 작품도 붙여요.

2 색종이를 격자 모양으로 붙여 창호지처럼 연출해요. 테두리는 창문 모양에맞춰 둥글게 잘라요.

3 **68~71**을 2의 색종이에 붙여요.

4 억새에 스팽글을 붙이면 완성.

코스모스 장식

가을꽃의 여왕 코스모스와 붉은 잠자리로 깊어가는 가을의
정취를 표현해 보세요. 화사한 꽃과 앙증맞은 잠자리가 어
우러진 모습은 보고만 있어도 기분이 좋아져요.

완성 크기 45×38cm(F8호)　　만드는 법 p.75

금목서 액자 & 달리아와 플란넬 플라워 액자

방사형으로 둥글게 퍼지는 꽃 모양은 기하학적이고 모던한 분위기를 연출하지요. 종이 오리기한 다음 액자로 만들면 근사한 인테리어 아이템이 된답니다.

완성 크기
오른쪽 - 24×33cm
왼쪽 - 16×21cm
만드는 법 아래

만드는 법

코스모스 장식 (사진 p.74)

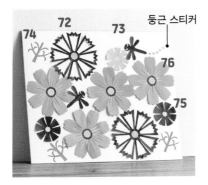

재료
종이 오리기(p.82~83)
72 코스모스…2개　**73** 잠자리…2개
74 코스모스 잎사귀…3개
75 코스모스…3개　**76** 코스모스…4개
도화지…1장
둥근 스티커(하늘색, 물방울무늬, 지름 8mm)…6개

1 도화지에 **72~76**을 조화롭게 붙여요.

2 붉은 잠자리 꼬리 쪽으로 둥근 스티커를 붙이면 완성.

달리아와 플란넬 플라워 액자 (사진 p.75)

재료
종이 오리기(p.84~85)
77 달리아…2개　**78** 플란넬 플라워…2개
액자…1개
도화지(분홍색)…1장
둥근 스티커(분홍색, 지름 15mm)…6개

1 도화지에 **77**과 **78**, 둥근 스티커를 붙여요.

2 액자에 넣으면 완성.

금목서 액자 (사진 p.75)

재료
종이 오리기(p.84~85)
79 금목서…1개　**80** 금목서 잎사귀…1개
액자…1개　도화지(보라색)…1장

1 도화지에 **79**와 **80**을 붙여요.

2 액자에 넣으면 완성.

단풍잎 오빌

단풍잎, 은행잎, 낙엽을 사이좋게 매달아 벽에
장식해 보세요. 집안에서 가을의 향기가 가득
느껴지지 않나요? 모빌을 만들 때는 종이 오리
기를 양면으로 만드는 걸 잊지 마세요.

완성 크기 : 45×55cm
만드는 법 : P.77

76

핼러윈 사탕 가방

핼러윈은 아이들이 사탕을 잔뜩 받을 수 있는 즐거운 이벤트지요. 사탕을 넉넉히 담을 크기로 종이봉투를 준비하고 사랑스러운 핼러윈 아이템으로 꾸며보세요.

완성 크기 : 26×21×10cm(폭)
만드는 법 : 아래

만드는 법

단풍잎 모빌 (사진 p.76)

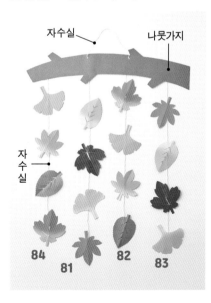

재료
종이 오리기(p.86~87)
81 단풍잎…4개   **82** 낙엽…4개
83 은행잎…4개   **84** 단풍잎…4개
두꺼운 종이…1장
도화지(갈색)…1장
자수실…30cm, 200cm

1 도안(p.126)에 따라 갈색 도화지를 붙인 두꺼운 종이로 나뭇가지를 만들어요.

2 자수실 200cm를 4가닥으로 자르고 양면의 **81~84**를 1줄에 1개씩 이어 붙여요. 이 4줄을 나뭇가지 뒷면에 붙여요.

2 나뭇가지에 구멍을 뚫어 30cm의 자수실을 끼우면 완성.

핼러윈 사탕 가방 (사진 p.77)

재료
종이 오리기(p.78~79)
62 거미줄… 1개   **63** 거미… 1개
67 호박… 1개
도화지(흰색)…1장
종이봉투…1장

1 도안(p.126)에 따라 도화지로 유령을 만들고 종이봉투에 붙여요.

2 **62, 63, 67**을 종이봉투에 붙이면 완성.

62 거미줄

63 거미

64 사탕

65 유령

66 박쥐

67 호박

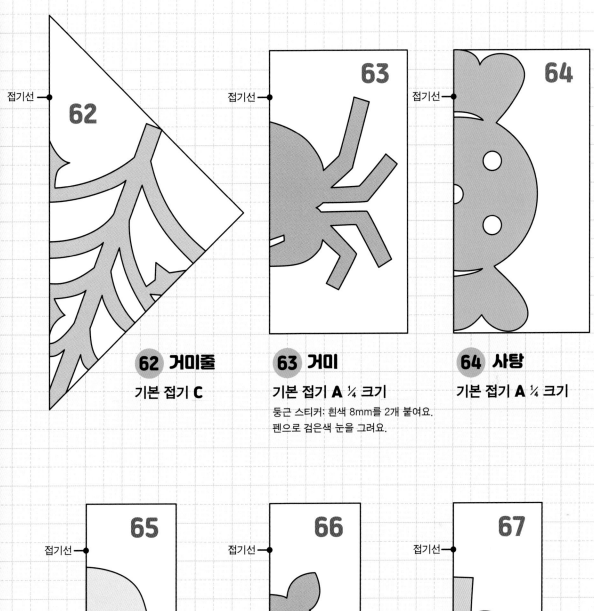

접기선

62

62 거미줄

기본 접기 **C**

접기선

63

63 거미

기본 접기 **A** ¼ 크기

둥근 스티커: 흰색 8mm를 2개 붙여요.
펜으로 검은색 눈을 그려요.

접기선

64

64 사탕

기본 접기 **A** ¼ 크기

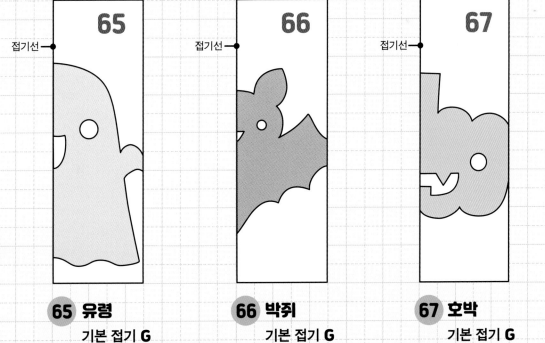

접기선

65

65 유령

기본 접기 **G**

접기선

66

66 박쥐

기본 접기 **G**

접기선

67

67 호박

기본 접기 **G**

69 도라지 꽃잎

68 도라지꽃

71 패랭이 꽃잎

70 패랭이꽃

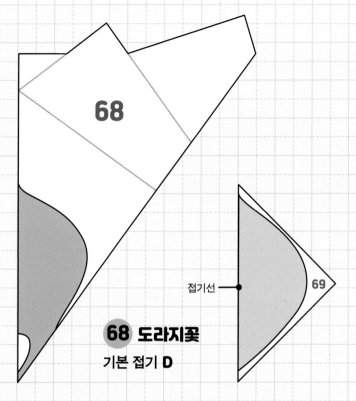

접기선

69

69 도라지 꽃잎

기본 접기 C ¼ 크기

1회에 4개 만들 수 있어요.
사진은 그러데이션 색종이를
사용했어요.

68 도라지꽃

기본 접기 **D**

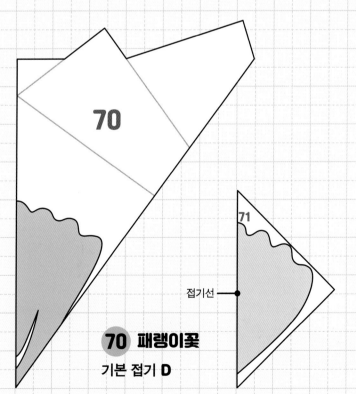

접기선

71

71 패랭이 꽃잎

기본 접기 C ¼ 크기

1회에 4개 만들 수 있어요.
사진은 그러데이션 색종이를 사용했어요.

70 패랭이꽃

기본 접기 **D**

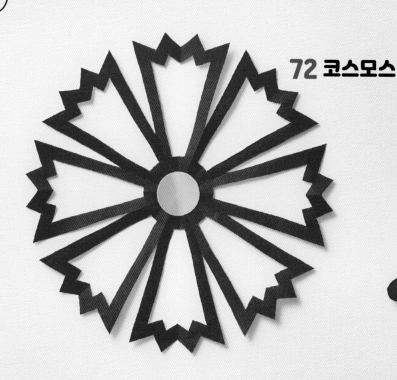

72 코스모스

73 붉은 잠자리

74 코스모스 잎사귀

75 코스모스

76 코스모스

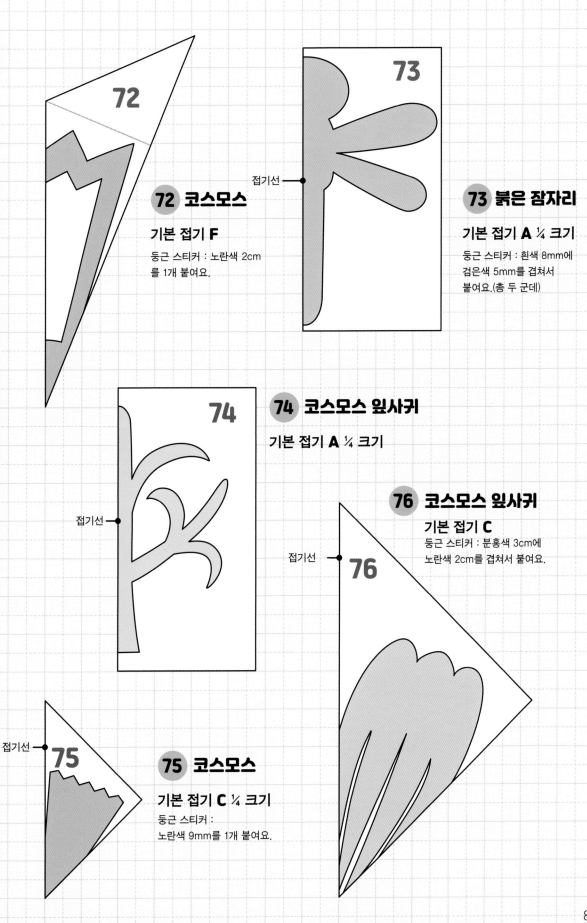

72 코스모스

기본 접기 **F**

둥근 스티커 : 노란색 2cm
를 1개 붙여요.

접기선

73 붉은 잠자리

기본 접기 **A ¼ 크기**

둥근 스티커 : 흰색 8mm에
검은색 5mm를 겹쳐서
붙여요.(총 두 군데)

74 코스모스 잎사귀

기본 접기 **A ¼ 크기**

접기선

76 코스모스 잎사귀

기본 접기 **C**

둥근 스티커 : 분홍색 3cm에
노란색 2cm를 겹쳐서 붙여요.

접기선

접기선

75 코스모스

기본 접기 **C ¼ 크기**

둥근 스티커 :
노란색 9mm를 1개 붙여요.

77 달리아

78 플란넬 플라워

79 금목서

80 금목서 잎사귀

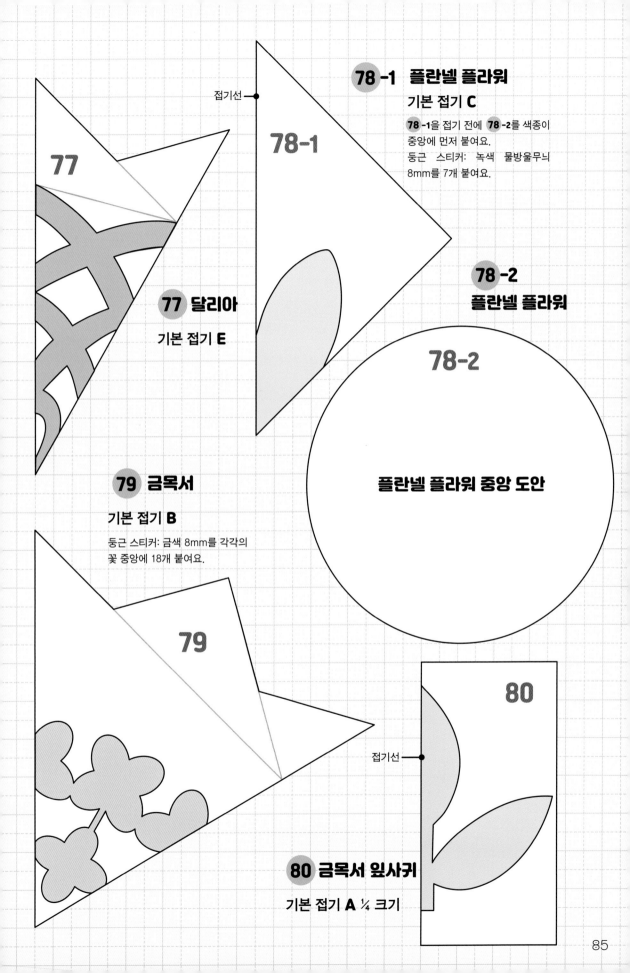

77

77 달리아

기본 접기 **E**

접기선

78-1

78-1 플란넬 플라워

기본 접기 **C**

78-1을 접기 전에 78-2를 색종이 중앙에 먼저 붙여요.
둥근 스티커: 녹색 물방울무늬 8mm를 7개 붙여요.

78-2

78-2 플란넬 플라워

78-2

플란넬 플라워 중앙 도안

79 금목서

기본 접기 **B**

둥근 스티커: 금색 8mm를 각각의 꽃 중앙에 18개 붙여요.

79

80

접기선

80 금목서 잎사귀

기본 접기 **A** ¼ 크기

81 단풍잎

82 낙엽

83 은행잎

84 단풍잎

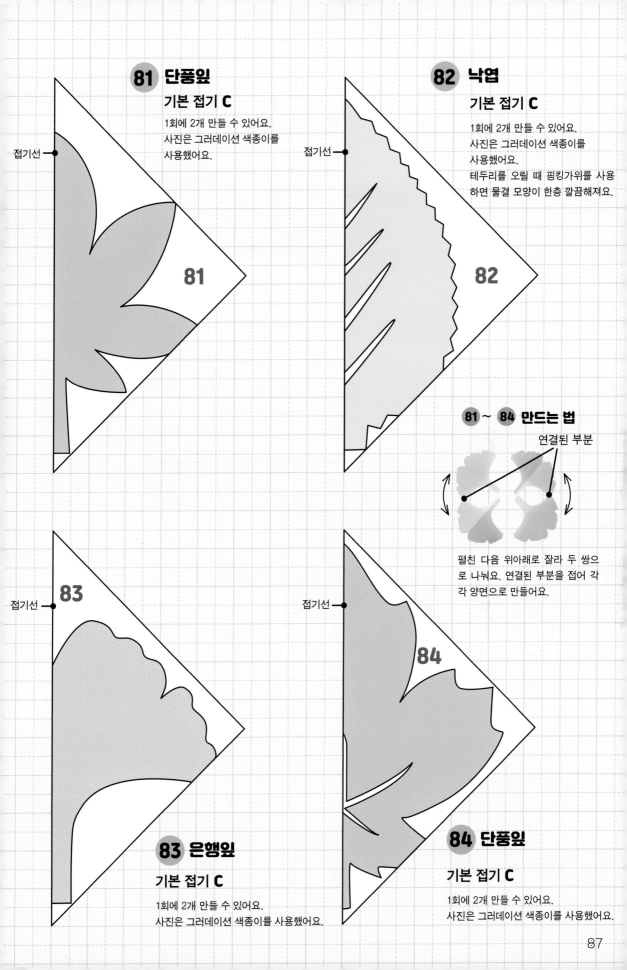

81 단풍잎
기본 접기 C

1회에 2개 만들 수 있어요.
사진은 그러데이션 색종이를
사용했어요.

접기선

81

82 낙엽
기본 접기 C

1회에 2개 만들 수 있어요.
사진은 그러데이션 색종이를
사용했어요.
테두리를 오릴 때 핑킹가위를 사용
하면 물결 모양이 한층 깔끔해져요.

접기선

82

81 ~ 84 만드는 법

연결된 부분

펼친 다음 위아래로 잘라 두 쌍으
로 나눠요. 연결된 부분을 접어 각
각 양면으로 만들어요.

접기선

83

접기선

84

83 은행잎

기본 접기 C

1회에 2개 만들 수 있어요.
사진은 그러데이션 색종이를 사용했어요.

84 단풍잎

기본 접기 C

1회에 2개 만들 수 있어요.
사진은 그러데이션 색종이를 사용했어요.

Chapter 4 *Winter*

겨울

크리스마스, 설날, 밸런타인데이 등 두근두근 설레는 행사가 많은 계절입니다.
따뜻한 방안에서 싹둑싹둑 종이 오리기를 하며 행복한 시간을 보내세요.

설산과 홍백매화 벽면 장식

흐드러진 홍백의 매화 너머로 보이는 설산과 일출을 표
현했어요. 길운을 불러오는 모티브로 장식한 방에서 새
해를 맞이하며 행운을 빌어보세요.

완성 크기 109×78cm   만드는 법 p.91

크리스마스 트리 벽면 장식

삼각형 전나무 사이에 포인세티아와 스노우 오너먼트를 조합해
입체감 넘치는 화려한 분위기를 연출해 보세요.

완성 크기 70×95cm   만드는 법 p.91

만드는 법

설산과 홍백매화 벽면 장식 (사진 p.88~89)

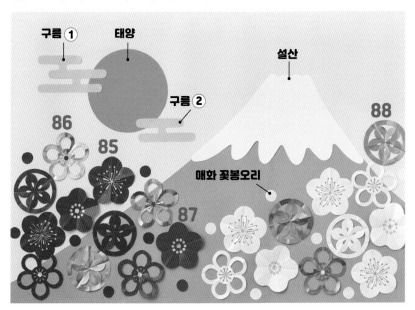

재료

종이 오리기(p.98~99)

85 매화···5개
86 매화···7개
87 매화···4개
88 매화···6개

도화지(분홍색[바탕지], 흰색, 하늘색, 주황색, 노란색, 빨간색)···각 적당량

1. 도안(p.127)에 따라 도화지로 설산, 태양, 구름 ①, ② 매화 꽃봉오리를 만들고 분홍색 바탕지에 붙여요.

2. **85~88**을 조화롭게 붙이면 완성.

크리스마스트리 벽면 장식
(사진 p.90)

재료

종이 오리기(p.100~103)

89 트리···6개
90 트리···7개
91 포인세티아···9개
92 오너먼트···5개
93 오너먼트···4개

리본(금색, 폭 17mm)···130cm

1. **89~93**을 조화롭게 벽에 붙여요. 70(밑변)×85(높이)cm 이등변 삼각형 모양을 마스킹 테이프로 붙여 놓으면 깔끔하게 붙일 수 있어요.

2. 나비매듭으로 묶은 리본을 나무 꼭대기에 붙이면 완성.

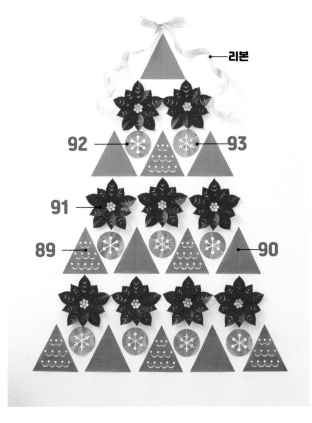

눈송이 부케 장식

꽃처럼 화려한 눈송이들로 로맨틱한 부케를 만들어보세요.
겨울 분위기가 물씬 풍기는 장식이 될 수 있어요.

완성 크기 38×45cm(F8호)   만드는 법 p.93

성탄전야 양초

전나무와 눈송이로 만든 양초예요. LED 조명을
켜서 은은한 분위기를 연출해 보세요.

완성 크기 : 가로 9×세로 9×높이 14.5cm
만드는 법 : 아래

만드는 법

눈송이 부케 장식 (사진 p.92)

재료

종이 오리기(p.104~105)
94~98 눈송이…각 1개
99 눈송이…4개
100 눈송이…10개
도화지(파란색[바탕지])…1장
도화지(흰색)…적당량
리본(은색, 폭 22mm)…50cm

1 도안(p.127)에 따라 도화지로 부
케를 만들고 바탕지에 붙여요.

2 **94~100**을 조화롭게 바탕지에
붙여요.

3 나비매듭으로 묶은 리본을 부케에
붙이면 완성.

성탄전야 양초 (사진 p.93)

재료

종이 오리기(p.106~107)
101·102 눈송이…각 2개
103 트리…1개
색종이(흰색)…2장
LED 캔들 라이트…1개

1 색종이 2장을 좌우로 1cm 겹쳐 붙이
고 도안(p.127)대로 잘라요.

2 **103**을 겉면에 붙이고 **101, 102**를
안면에 붙여요.

3 색종이 좌우 가장자리를 1cm 겹쳐
붙여서 원통을 만들어요.

4 원통 안에 LED 캔들 라이트를 넣고
불을 켜면 완성.

풀칠 부분은 1cm   색종이

원통
안에
LED
캔들
라이트

101 102

103

크리스마스 가랜드

크리스마스를 대표하는 모티브로 겨울 분위기를 한껏
연출해 보세요. 벽이나 선반, 커튼 위에 장식해도 좋고
트리 오너먼트로도 활용 만점이에요.

완성 크기 100×17cm   만드는 법 p.95

눈송이 크리스마스 카드 &
트리 크리스마스 카드

크리스마스 모티브로 만든 종이 오리기를 활용해 근사한
카드를 만들어보세요. 예쁜 리본을 붙이거나 화려한 스티
커를 장식하면 멋진 핸드메이드 카드가 된답니다.

완성 크기 15×10.5cm   만드는 법 p.95

만드는 법

크리스마스 가랜드
(사진 p.94~95 상단)

재료

종이 오리기(p.106~107)
104 진저맨 쿠키…1개
105 포인세티아…1개
106 트리…1개
자수실…105cm
리본(빨간색, 폭 15mm)…160cm

1️⃣ 104~106의 안쪽에 자수실을 붙여요.

2️⃣ 1️⃣을 선반에 물결 모양으로 이어 붙여요.

3️⃣ 리본을 4가닥으로 잘라 나비매듭으로 묶은 다음 실에 붙이면 완성.

트리 크리스마스카드 (사진 p.94 하단)

재료

종이 오리기(p.108~109)
107 트리… 1개
도화지(빨간색,15×21cm)…1장
리본(금색, 폭 6mm)…18cm

리본

1️⃣ 도화지를 위아래 반으로 접고 윗면에 **107**과 나비매듭으로 묶은 리본을 붙여요.

2️⃣ 메시지를 적어요.

3️⃣ 완성.

눈송이 크리스마스카드 (사진 p.94 하단)

108
보석 스티커

재료 종이 오리기(p.108~109)
108 눈송이…1개
도화지(흰색, 15×21cm)…1장
보석 스티커(지름 5~6mm)…14개

1️⃣ 도화지를 위아래 반으로 접고 윗면에 **108**과 보석 스티커를 붙여요.

2️⃣ 메시지를 적어요.

3️⃣ 완성. 귀엽게 연출하려면 아랫면 좌우 모서리를 둥글게 잘라보세요.

눈송이 포장 봉투 &
테디베어 선물 상자

봉투나 상자 뚜껑에 종이 오리기를 붙이면 센스 넘치는 선물 포장이 완성! 만들기는 간단하지만 효과는 강력하지요.

완성 크기
상자 - 14×14×10cm(높이)
가방 - 30×40cm
만드는 법 p.97

밸런타인 카드 & 선물 상자

새와 꽃 모양이 들어있는 섬세한 하트 종이 오리기로 카드와 상자를 로맨틱하게 꾸며보세요. 초콜릿이 더 달콤하게 느껴질 거예요.

완성 크기
카드 - 12.5×12.5cm
상자 - 12×12×높이 9cm
만드는 법 아래

만드는 법

눈송이 포장 봉투
(사진 p.96)

재료

종이 오리기(p.106~107)
101 눈송이…3개
102 눈송이…4개
부직포 봉투…1장
투명 봉투…1장(부직포 봉투가 들어갈 크기)
보석 스티커(지름 6mm)…11개
리본(은색, 폭 16mm)…90cm

1. 부직포 봉투에 **101, 102** 보석 스티커를 붙여요.

2. **1**에 투명 봉투를 씌우고 선물을 넣은 다음 나비매듭으로 리본을 묶으면 완성.

보석 스티커

102 101

밸런타인 카드
(사진 p.97)

재료

종이 오리기(p.110~111)
111 하트…1개
도화지(빨간색, 12.5×25cm)…1장

1. 도화지를 위아래 반으로 접고 윗면에 **111**을 붙여요.

2. 메시지를 적어요.

3. 완성.

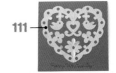

111

테디베어 선물 상자 (사진 p.96)

재료

종이 오리기(p.110~111)
109 테디베어…1개
110 호랑가시나무 리스…1개
상자…1개

109   **110**

1. 상자 뚜껑에 **109, 110**을 붙이면 완성.

선물 상자 (사진 p.97)

재료

종이 오리기(p.110~111)
111 하트…1개
상자…1개
리본(빨간색, 폭 15mm)…90cm

111

1. 상자 뚜껑에 **111**을 붙여요.

2. 선물을 넣은 후 상자의 몸통에 리본을 나비매듭으로 묶으면 완성.

85 매화

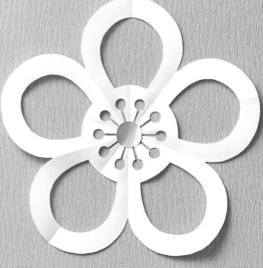

86 매화

87 매화

88 매화

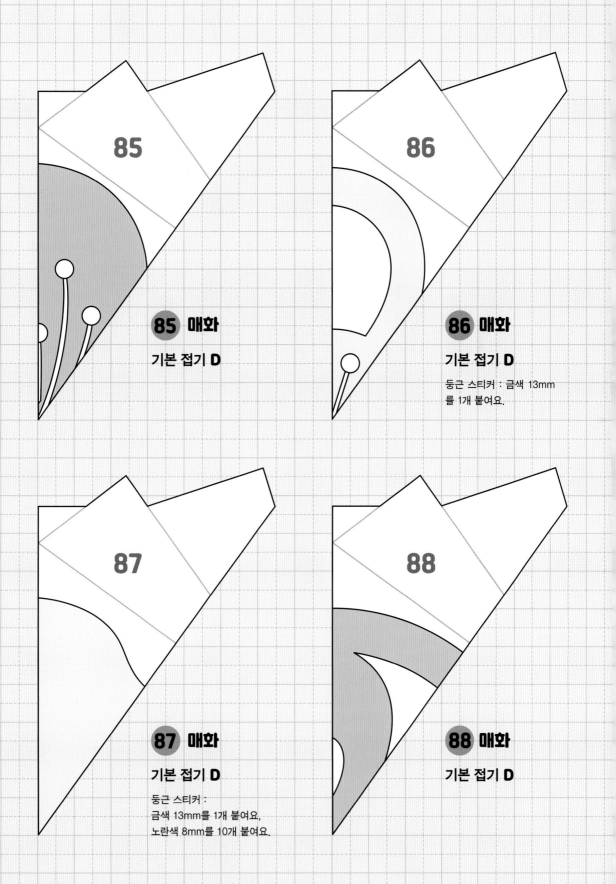

85 매화

기본 접기 **D**

86 매화

기본 접기 **D**

둥근 스티커 : 금색 13mm
를 1개 붙여요.

87 매화

기본 접기 **D**

둥근 스티커 :
금색 13mm를 1개 붙여요,
노란색 8mm를 10개 붙여요.

88 매화

기본 접기 **D**

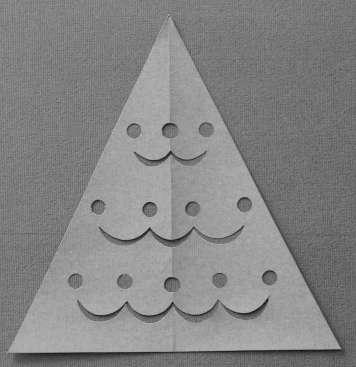

89 트리

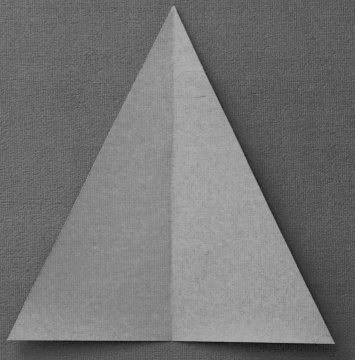

90 트리

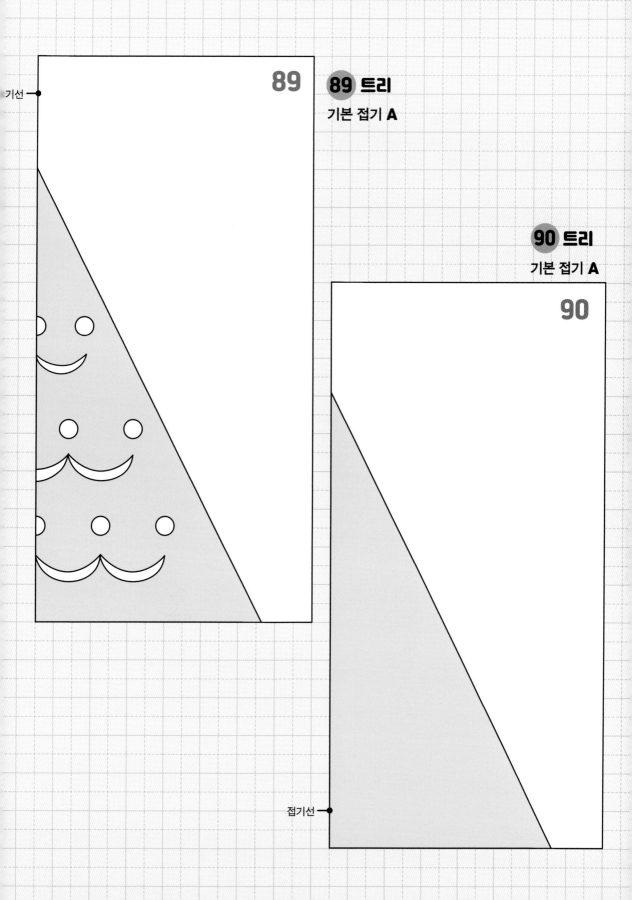

기선

89 트리
기본 접기 **A**

89

90 트리
기본 접기 **A**

90

접기선

91 포인세티아

93 오너먼트

92 오너먼트

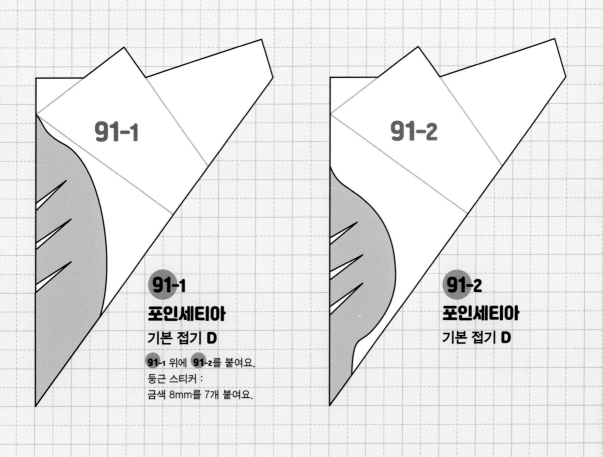

91-1
포인세티아
기본 접기 **D**

91-1 위에 **91-2**를 붙여요.
둥근 스티커 :
금색 8mm를 7개 붙여요.

91-2
포인세티아
기본 접기 **D**

92
오너먼트
기본 접기 **B** ¼ 크기

93
오너먼트
기본 접기 **B** ¼ 크기

94 눈송이

95 눈송이

96 눈송이

97 눈송이

98 눈송이

99 눈송이

100 눈송이

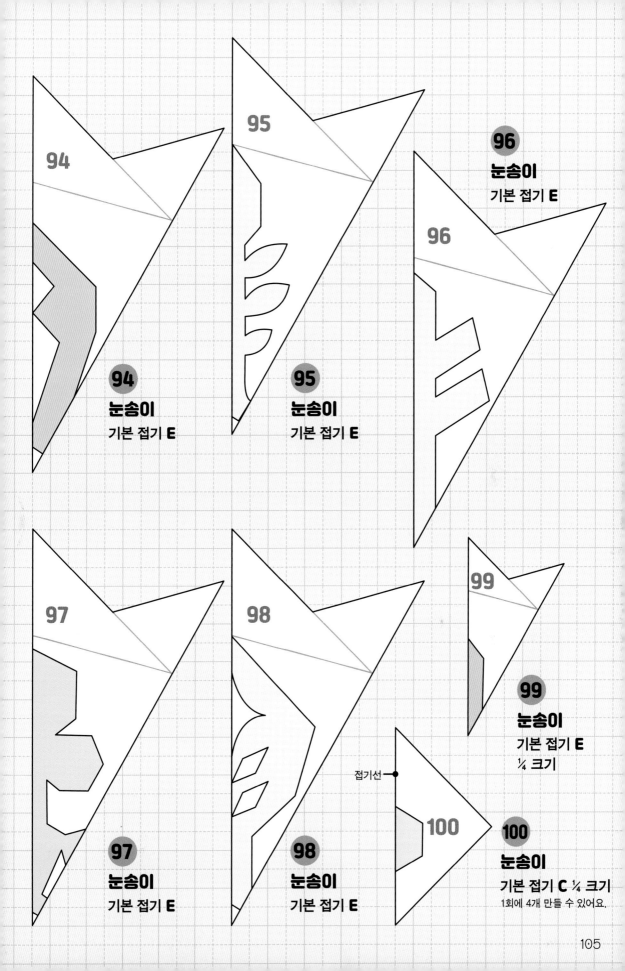

94

94
눈송이
기본 접기 **E**

95

95
눈송이
기본 접기 **E**

96
눈송이
기본 접기 **E**

96

97

97
눈송이
기본 접기 **E**

98

98
눈송이
기본 접기 **E**

99

99
눈송이
기본 접기 **E**
¼ 크기

접기선

100

100
눈송이
기본 접기 **C** ¼ 크기
1회에 4개 만들 수 있어요.

101 눈송이

102 눈송이

103 트리

104 진저맨 쿠키

105 포인세티아

106 트리

101 눈송이
기본 접기 **E**
¼ 크기

102 눈송이
기본 접기 **E**
¼ 크기

103 트리
기본 접기 **G**

p.17 기본 접기 **G**의 과정 **2**에
서 풀칠 부분을 2cm로 해요.

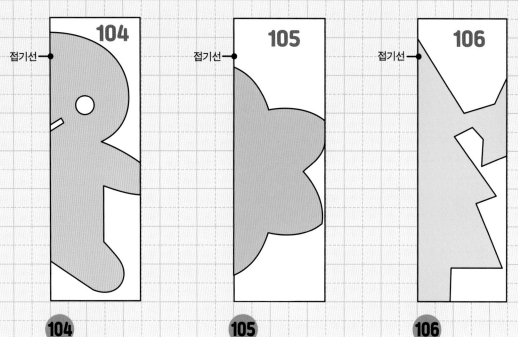

104 진저맨 쿠키
기본 접기 **G**

둥근 스티커 :
빨간색 5mm를 4개,
녹색 5mm를 4개,
흰색 5mm를 4개 붙여요.

105 포인세티아
기본 접기 **G**

둥근 스티커 :
노란색 5mm를 18개 붙여요.

106 트리
기본 접기 **G**

둥근 스티커 :
빨간색 5mm를 18개 붙여요.

107 트리

108 눈송이

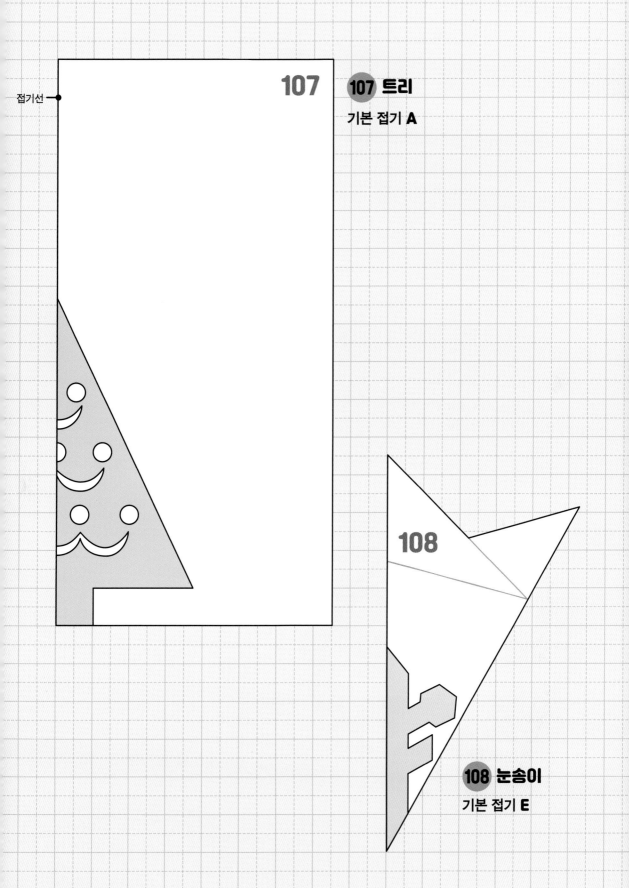

접기선 ←

107

107 **트리**

기본 접기 **A**

108

108 **눈송이**

기본 접기 **E**

109 테디베어

110 호랑가시나무 리스

111 하트

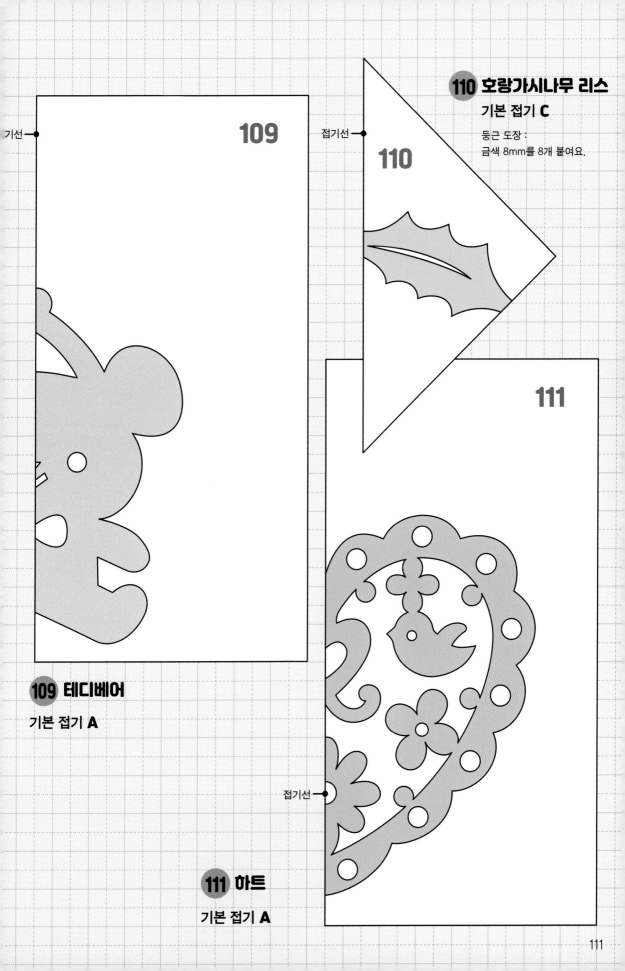

기선 ●

109

접기선 ●

110

기본 접기 **C**

둥근 도장 :
금색 8mm를 8개 붙여요.

111

109 테디베어

기본 접기 **A**

접기선 ●

111 하트

기본 접기 **A**

☽계절 리스 가을 겨울 편

계절감 넘치는 꽃을 모티브로 만든 리스는
집안에 자연의 온기를 더해줄 거예요.

9월 코스모스

같은 코스모스 모양을 다양한 분홍색
계열로 조합해 보세요. 같은 모양의 꽃
으로 통일감을 줄 수 있고, 변화있는
색상으로는 세련된 느낌을 연출할 수
있어요.

완성 크기 36×34cm

재료

┌ 리스 지지대 **A**
│ (바깥지름 30cm 안지름 24cm)
└ 자수실…30cm
종이 오리기(p.118~119)
112 코스모스…8개
리본(녹색, 폭 2cm)…220cm

1 리본을 **A**에 빙글빙글 감아 위
에서 나비매듭으로 묶어요.

2 **112**를 **A**에 붙이면 완성.

모든 리스에 공통되는 재료와 만드는 법

도화지…1장
자수실…30cm
색종이…작품에 맞게 준비
기타…리본 등

1 도안(p.127)에 따라 도화지로 리스 지지대를 만든 다음 구멍을 뚫어 자수실을 끼워요.

2 종이 오리기 작품을 붙여요.

3 리본 등을 붙이면 완성.

지지대(p.127)를 여러 개 미리 만들어 두면 계절이 바뀔 때마다 좋아하는 꽃을 붙여 장식할 수 있어요.

안지름
바깥지름

10월 클레마티스와 들국화

청순한 자태가 눈길을 끄는 들국화와 화려한 존재감을 뽐내는 클레마티스를 조합했어요. 오간자 리본으로 산뜻한 포인트를 주세요.

완성 크기 37×37cm

재료

리스 지지대 A(바깥지름 30cm 안지름 24cm)
자수실…30cm
종이 오리기(p.118~119)
113 클레마티스…3개
114 들국화…7개
리본(하늘색, 폭 3cm)…2m

1 **113**과 **114**를 A에 붙여요.

2 리본을 2가닥으로 잘라요. 한 가닥은 **1**에 나비매듭으로 묶어서 양 끝줄을 A 뒷면에 붙여요.

3 나머지 가닥은 먼저 묶은 리본과 엇갈리게 나비매듭으로 묶으면 완성.

11월 제비꽃

앙증맞은 제비꽃을 빙글빙글 돌아가며 붙여보세요.
리본 모양 화심이 사랑스러운 느낌을 한층 살려주네요.

완성 크기 33×33cm

재료

리스 지지대 **A**(바깥지름 30cm 안지름 24cm)
자수실…30cm
종이 오리기(p.120~121)
115 제비꽃…13개
116 제비꽃 잎사귀…4개

1 **115**와 **116**을 **A**에 붙이면 완성.

12월 포인세티아

크리스마스트리(p.90)에 장식한 포인세티아를 잎사귀 위로 겹쳐서 만든 리스예요. 종 모양 종이 오리기를 둥글게 말면 입체감이 살아납니다.

완성 크기 46×46cm

재료

┌ 리스 지지대 **B**
│ (바깥지름 40cm 안지름 30cm)
└ 자수실…30cm
종이 오리기(p.102~103, 120~121)
91 포인세티아…9개
117 포인세티아 잎사귀…9개
118 종…1개
리본(금색, 폭 6mm)…25cm
리본(빨간색, 폭 16mm)…50cm

1 118의 구멍에 금색 리본을 끼우고 **B**에 붙여요. 빨간 리본을 금색 리본에 나비매듭으로 묶어요.

2 91과 117을 조합한 종이 오리기를 **B**에 붙이면 완성.

1월 동백꽃과 죽절초

복된 기운이 담긴 모티브로 설날 장식을 만들어보세요.
현관에 매달아 두면 새해의 행운이 가득할 거예요.
완성 크기 37×35cm

※ 부채 만드는 법
색종이를 반으로 잘라 좌우로 1cm 겹쳐 붙인 다음 8mm
폭으로 아코디언처럼 접어요. 밑단에서 1cm 지점을 스
테이플러로 고정하고 위쪽을 펼쳐요. 스테이플러로 고정
한 곳에 빨간색과 흰색 실을 감아 나비매듭으로 묶어요.

재료

┌ 리스 지지대 **A**
│　(바깥지름 30cm, 안지름 24cm)
└ 자수실…30cm
종이 오리기(p.122~123)
119 동백꽃…5개
120 동백꽃 잎사귀…4개
121 죽절초…2개
색종이(금색, 15×15cm)…1장
실(빨간색 40cm, 흰색 40cm)…각 1줄

1　119, 120, 121을 **A**에 붙여요.

2　부채를 만들어 **A**에 붙이면 완성.

2월 수선화

산뜻한 흰색과 햇살 같은 노란색을
번갈아 가며 배열해 보세요. 집안에
서 초봄의 화사함을 느낄 수 있어요.

완성 크기 46×46cm

재료

┌ 리스 지지대 **B**
│ (바깥지름 40cm, 안지름 30cm)
└ 자수실…30cm
종이 오리기(p.122~123)
122 수선화…10개
리본(하늘색, 폭 3cm)…3m

1 리본을 **B**에 감고 윗부분
을 나비매듭으로 묶어요

2 **122**를 1에 붙이면 완성.

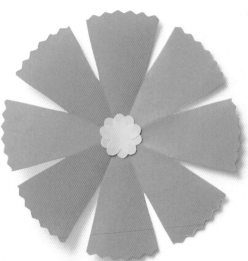

112 코스모스

113 클레마티스

114 들국화

접기선

112

화심 도안

112 들국화 기본 접기 **C**

가장자리 물결 부분은 핑킹가위
로 잘라요. 꽃 모양 펀치로 자른
화심 2장을 엇갈리게 붙여요.
※ 위의 도안을 사용해 만들어도
좋아요.

113-1

113-1 클레마티스

기본 접기 **E**

113-1 위에 **113-2** 를 붙여요.

칼집 넣은 부분을 위로 세
워서 입체감을 살려요.

113-2

113-2 클레마티스

기본 접기 **B** ¼ 크기

114

114 들국화

기본 접기 **B** ¼ 크기

화심 도안

꽃 모양 펀치로 자른 화심
2장을 엇갈리게 붙여요.
※ 위의 도안을 이용해 만
들어도 좋아요.

Seasonal wreath

115 제비꽃

116 제비꽃 잎사귀

위에 **91** (p.102~103)을 붙여요.

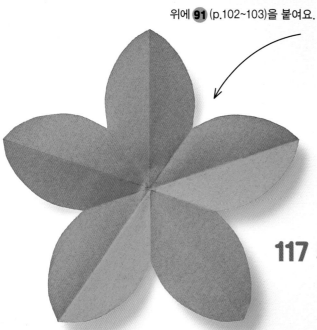

117 포인세티아 잎사귀

완성

118 종

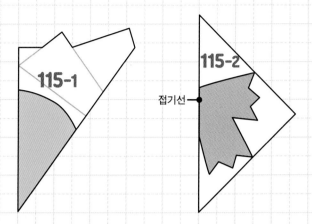

115 -1 제비꽃
기본 접기 D ¼ 크기

115-1 위에 115-2를 붙여요.
115-2는 1회에 4개 만들 수 있어요.
둥근 스티커: 노란색 8mm를 1개 붙여요.

접기선

115 -2 제비꽃
기본 접기 C ¼ 크기

접기선

116 제비꽃 잎사귀
기본 접기 C ¼ 크기

1회에 4개 만들 수 있어요.

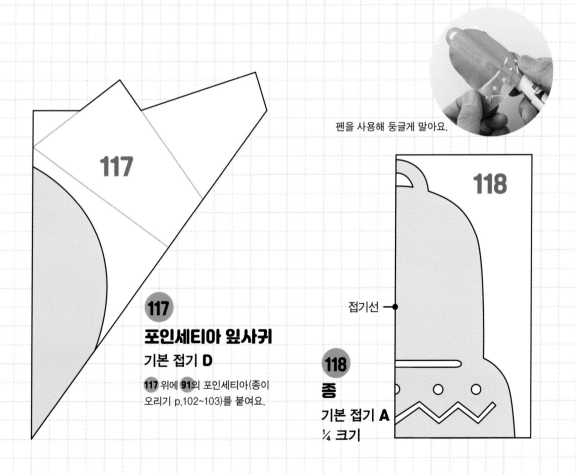

펜을 사용해 둥글게 말아요.

117
포인세티아 잎사귀
기본 접기 D

117 위에 91의 포인세티아(종이 오리기 p.102~103)를 붙여요.

접기선

118
종
기본 접기 A
¼ 크기

119 동백꽃

120 동백꽃 잎사귀

121 죽절초

122 수선화

119 **-2 동백꽃**

기본 접기 **D**

119-1

119-2

접기선 ●

119-3

119 **-3 동백꽃**

기본 접기 **C** ¼ 크기

119-1에 119-2를 붙여요.
그 위에 119-3을 붙여요.
칼집을 넣은 부분을 위로 세워서
입체감을 살려요.

119 **-1 동백꽃**

기본 접기 **D**

접기선 ●

120

120 동백꽃 잎사귀

기본 접기 **A**
¼ 크기

121 죽절초

기본 접기 **C** ¼ 크기

●

121

122-1

가장자리 물결 부분은 핑
킹가위로 잘라요.
둥근 스티커 : 빨간색 8mm
를 7개 붙여요.

122-2

122-2에 칼집을 한번 넣은 다음 꽃잎 두
개를 겹쳐 붙여요.
그런 다음 122-1에 122-2를 겹쳐 붙여요.
둥근 스티커: 주황색 8mm를 3개 붙여요.

122 **-1 수선화**

기본 접기 **E**

122 **-2**
수선화

기본 접기 **E** ¼ 크기

작품 도안 봄

※도안은 지정된 배율로 확대해서 사용하세요.　　　※ 모든 도안은 복사해서 사용해 주세요.

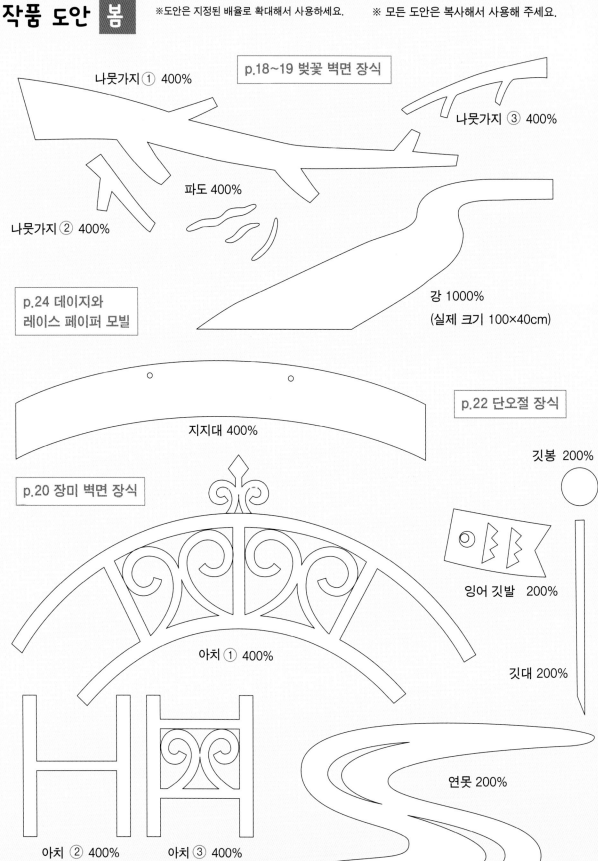

p.18~19 벚꽃 벽면 장식

나뭇가지 ① 400%

나뭇가지 ③ 400%

파도 400%

나뭇가지 ② 400%

강 1000%
(실제 크기 100×40cm)

p.24 데이지와
레이스 페이퍼 모빌

지지대 400%

p.22 단오절 장식

깃봉 200%

p.20 장미 벽면 장식

아치 ① 400%

잉어 깃발 200%

깃대 200%

아치 ② 400%　　아치 ③ 400%

연못 200%

작품 도안 여름

※도안은 지정된 배율로 확대해서 사용하세요.

p.38~39 칠월칠석 장식

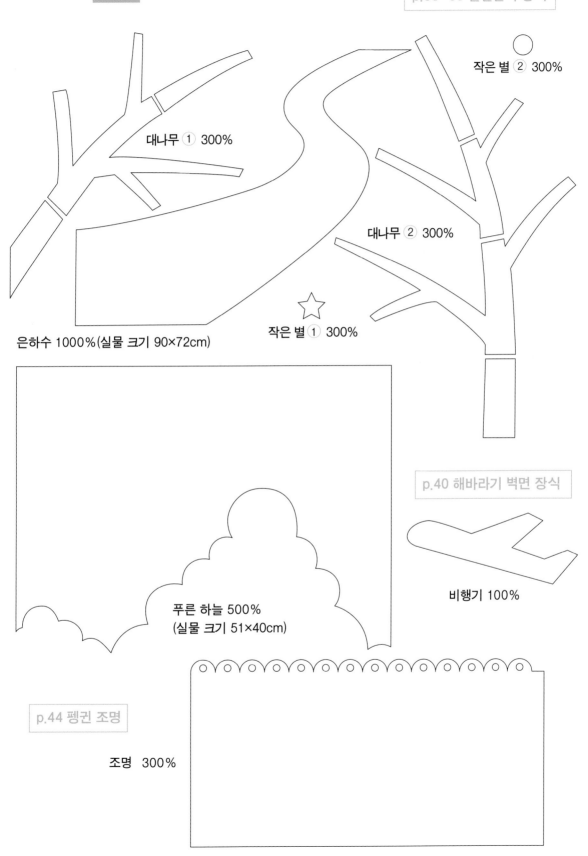

작은 별 ② 300%

대나무 ① 300%

대나무 ② 300%

작은 별 ① 300%

은하수 1000%(실물 크기 90×72cm)

p.40 해바라기 벽면 장식

비행기 100%

푸른 하늘 500%
(실물 크기 51×40cm)

p.44 펭귄 조명

조명 300%

작품 도안

※도안은 지정된 배율로 확대해서 사용하세요.

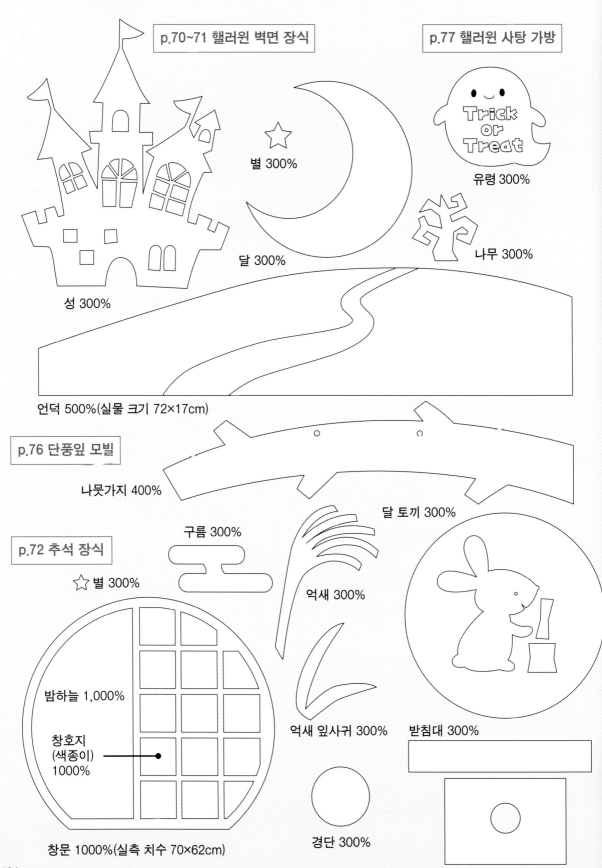

p.70~71 핼러윈 벽면 장식

p.77 핼러윈 사탕 가방

별 300%

달 300%

유령 300%

나무 300%

성 300%

언덕 500%(실물 크기 72×17cm)

p.76 단풍잎 모빌

나뭇가지 400%

달 토끼 300%

구름 300%

p.72 추석 장식

별 300%

억새 300%

밤하늘 1,000%

창호지
(색종이)
1000%

억새 잎사귀 300%

받침대 300%

창문 1000%(실측 치수 70×62cm)

경단 300%

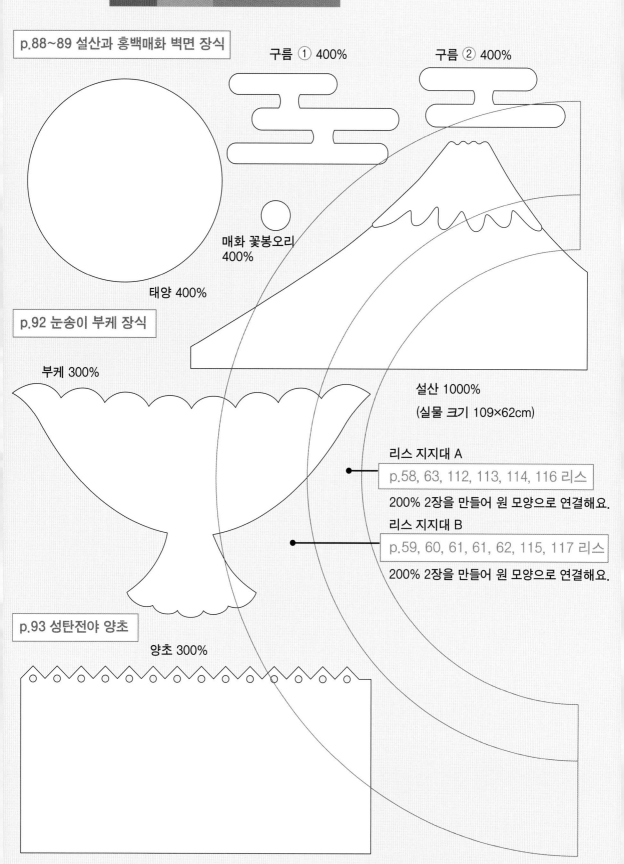

p.88~89 설산과 홍백매화 벽면 장식

구름 ① 400%

구름 ② 400%

매화 꽃봉오리
400%

태양 400%

p.92 눈송이 부케 장식

부케 300%

설산 1000%
(실물 크기 109×62cm)

리스 지지대 A

p.58, 63, 112, 113, 114, 116 리스

200% 2장을 만들어 원 모양으로 연결해요.

리스 지지대 B

p.59, 60, 61, 61, 62, 115, 117 리스

200% 2장을 만들어 원 모양으로 연결해요.

p.93 성탄전야 양초

양초 300%

초판 1쇄 발행 2025년 4월 1일
지은이 우에하라 카즈요
옮긴이 나지윤
펴낸이 권영주
펴낸곳 생각의집
디자인 design mari
출판등록번호 제 396-2012-000215호
주소 경기도 고양시 일산서구 강선로 49
전화 070·7524·6122
팩스 0505·330·6133
이메일 jip201309@gmail.com
ISBN 979-11-93443-20-0(13630)

품명 어린이 도서   제조년월 2025년 4월
사용연령 4세 이상   제조자명 생각의집
제조국 대한민국   연락처 070-7524-6122
주소 경기도 고양시 일산서구 중앙로 1455
주의사항 종이에 베이거나 긁히지 않도록 주의하세요.
KC마크는 이 제품이 공통안전기준에 적합하였음을 뜻합니다.